@ChristInnen: Gehet in die sozialen Netze

Ralf Peter Reimann

@ChristInnen: Gehet in die sozialen Netze

Kirche, Theologie, Social Media und mehr.
Ausgewählte Blogposts aus TheoNet.de

28. April 2013

Books on Demand Norderstedt

Die Deutsche Nationalbibliothek verzeichnet diese Publikation in der Deutschen Nationalbibliografie; detaillierte bibliografische Daten sind im Internet über http://dnb.dnb.de abrufbar.

© 2013 Ralf Peter Reimann
Herstellung und Verlag: BoD — Books on Demand, Norderstedt
ISBN 978-3-7322-3709-8

Vorwort

"Hello World" — so lautet die Überschrift, die *Wordpress* automatisch dem ersten Blogbeitrag vergibt. So habe ich vor gut einem Jahr auch mein Blog gestartet. Im Februar 2012 war ich wieder ins Düsseldorfer Landeskirchenamt als Internetbeauftragter der Rheinischen Kirche zurückgekehrt. Fünf Jahre lang durfte ich Erfahrungen als Leiter der EKD-Internetarbeit und als Pastor bei evangelisch.de sammeln, die ich nun gerne im Rheinland einbringe.

Social Media heißt gegenwärtig die große Herausforderung auch für die Kirche. Online-Kommunikation ist keine Einbahnstraße, sondern geschieht in einem Netzwerk. Im Blog habe ich meine Arbeit als Internetbeauftragter reflektiert und mich vor allem über die zahlreichen Kommentare gefreut, die mir wichtiges Feedback gegeben haben. Das Internet verändert sich schnell. Wenn man nicht netzaffin ist — oder sich beruflich mit dem Internet beschäftigen darf — kann es schwerfallen, mit den neuen Entwicklungen Schritt zu halten. Man kann dann leicht zum Getriebenen werden und abblocken — so wie die Pfarrerinnen und Pfarrer, die zwar Facebook nutzen, um ihre Konfirmandinnen und Konfirmanden online zu erreichen, aber selber ohne Profilfoto in Mark Zuckerbergs sozialem Netzwerk agieren und sich so hinter der Maske eines Standardprofilbildes verstecken. Auf der anderen Seite findet sich auch ein unreflektierter Enthusiasmus dem Internet gegenüber, so feierte eine hessische Kirchengemeinde ein Online-Abendmahl. Für andere ist das Internet ein Ort, wo sie ihren Glauben leben, es gibt Chatandachten und Gottesdienste auf Facebook.

Ist ein eigenes kirchliches Datenschutzrecht sinnvoll? Was bedeutet *Open Content* für das Urheberrecht? Verändern sich auch Organisationsstrukturen durch Social Media?

Anders als im Rundfunk hat die Kirche im Internet keine Drittsenderechte, sondern sie bewegt sich auf dem digitalen Marktplatz und ist ein Sinnstifter unter anderen. Wie kann sich die Kirche in sozialen Netzwerken engagieren, wenn die Netzcommunity stark atheistisch geprägt ist? Wie ändern sich Kommunikationsstrukturen? Gerade Social-Media-Aktivitäten leben von persönlicher Kommunikation, also von Christinnen und Christen, die in sozialen Netzen mit ihrem Glauben präsent sind.

Als Jesus seine Jüngern beauftragte, in alle Welt zu gehen und das Evangelium zu verkünden, gab es das Internet nicht, heute würde er wahrscheinlich seinen Jüngerinnen und Jüngern auch sagen: *@ChristInnen: Gehet in die sozialen Netze!*

Lohnt es sich, ein Buch zu veröffentlichen, wenn alle Texte als Blogposts bereits online sind? Es geht mir nicht um die große Auflage, sondern darum, die Gedanken und Anregungen auch als Print-Produkt festzuhalten, denn Online-Quellen haben im Gegensatz zu Büchern eine sehr unterschiedliches und unbestimmtes Haltbarkeitsdatum. Für dieses Buch bin ich alle Artikel durchgegangen, einige Links waren bereits nach weniger als einem Jahr obsolet und nicht rekonstruierbar, während andere Inhalte über die Wayback-Maschine von `web.archive.org` in verschiedenen Versionen abrufbar sind.

Aus Blogs Bücher zu machen ist nichts Ungewöhnliches, eine einfache Internetsuche zu `"blog2book"` liefert viele Treffer mit Tools und Webservices. Aus Wordpress habe ich das gesamte Blog als XML-File einschließlich Kommentaren exportiert und in mehreren Schritten umgewandelt und mit LaTeX gesetzt, dabei waren mir Tilo Gockels Vorlagen [38] eine große Hilfe. Den Sprachduktus eines Blogs habe ich weitestgehend belassen. Weil ein Blog von Kommentaren lebt, habe ich einige auch unter den einzelnen Artikeln abgedruckt, dabei aber Namen in der Regel entfernt. Wer möchte, kann die Original-Kommentare jedoch auf `TheoNet.de` nachlesen.

Mülheim an der Ruhr, Ralf Peter Reimann
den 28. April 2013

Inhaltsverzeichnis

Teil I Theologie

1 Das Internet als religiöses Phänomen 7
   1.1 Da ist kein Gott im Internet — oder doch? 7
   1.2 „Wir müssen lernen, in der Netzkultur zu leben!" 10

2 Gottesdienste, Sakramente und Gemeinde im Netz 13
   2.1 Online-Gottesdienste: Bestandsaufnahme und Ideenbörse . 13
   2.2 ∼o∼ heißt: „Friede sei mit dir" — Gottesdienste im Internet 18
   2.3 „Der heilige Geist weht heute auch im Internet" 23
   2.4 Abendmahl online? Wollen wir das? 26
   2.5 „Das ist mein Leib" — und dann war der Ton weg 33
   2.6 Chatandacht „Gott kennt alle unsere Namen" 36
   2.7 Verkündigung im Netz 40

3 Performanz und Rechtfertigung 43
   3.1 Klout: Ich bin besser als Du 43
   3.2 Brand Experience: unsere neue Religion? 45

4 Tod, Religionsfreiheit und Heiliges im Internet 49
   4.1 Verändern Facebook und Twitter den Tod? 49
   4.2 Medienhype: Hatte Jesus eine Frau? 51
   4.3 Mohammed-Film: Ist nichts mehr heilig? 54

Teil II Kirche

5 Organsisationswandel, Statistik und Transparenz 61
   5.1 Kultur- und Organisationswandel durch Facebook? 61
   5.2 Alles messbar? Alles sichtbar? Wollen wir das wirklich? ... 64
   5.3 Synode Backstage 66
   5.4 Vom Diskettenfoto zum Twitterstream 70

6 Social Media Guidelines 73
   6.1 Social Media Guidelines der finnischen Kirche 73
   6.2 Der Weg ist das Ziel: Social Media Guidelines 76
   6.3 Social Media Guidelines to go 79
   6.4 Freunde im Abo oder darf man Freundschaftsanfragen ablehen? 81
   6.5 Facebook im Konfi? 83
   6.6 Nähe und Distanz in sozialen Netzwerken: Freunde in der Gemeinde? 86
   6.7 Im Talar auf Facebook? 88

7 Facebook in Gemeinde und Kirche 89
   7.1 @PastorInnen: Geht zu Facebook! 89
   7.2 Facebook-Titelbilder: Ein echter Prädikant 91
   7.3 Braucht die Kirche Superpromoters? 94
   7.4 Die Crux der Autoresponder 97
   7.5 Maya-Prophezeiung: Weltuntergang am 21. Dezember? ... 99

Teil III Soziale Netze und Netzkultur

8 Facebook-Strategie und -Marketing 103
   8.1 Facebook-Strategie in Pecha Kucha Light Format 103
   8.2 Multichannel-Strategie: Facebook ist ein Must 107
   8.3 Facebook-Likes: Sind 1000 genug? 109
   8.4 Dein erster Freund: der „early bird" 112
   8.5 Zielgruppenwerbung bei Facebook — wollen wir das? 114
   8.6 Edgerank heißt Facebooks „geheime Soße" 116
   8.7 Eine Farce: User-Abstimmung auf Facebook 119
   8.8 Social Graph: Endlich kann ich auch dahin, wo meine Freunde essen gehen 122

9 Religion in der Netzcommunity 125
9.1 Digitaler Marktplatz ohne Kirche? 125
9.2 Religion bei Netizens: Bist Du dagegen oder dagegen? 128
9.3 Gamescom: Lasset das Klagen! 133

10 Sprache im Netz 137
10.1 Sprach Luther Denglisch? 137
10.2 Lieber Twitter-Prägnanz als rückwärtsgewandte Ignoranz 140

Teil IV Informationstechnologie und Datenschutz

11 Informationstechnologie in der Kirche 145
11.1 Software-Theologie: Wie wähle ich ein Redaktionssystem aus? 145
11.2 Firewall und Kirchenmauer: Welche IT-Philosophie braucht unsere Kirche? 148
11.3 Und raus bist du doch nicht — dank Friendica 150
11.4 Seelsorge in Facebook — eine Problemanzeige 152

12 Datenschutz und der Zensur 159
12.1 Darfst Du doodlen? 159
12.2 Lieber diskret nach Paris Hilton suchen 162
12.3 Keine Kommunikation über Facebook-Fanpage 165
12.4 Wer nach der Misstress sucht, läuft in die (Selbst-)Zensur. 167

13 Urheberrecht 171
13.1 Guttenberg oder Gutenberg: Plagiatsjäger ertappen Pfarrer 171

Teil V Anhang

Literaturverzeichnis 177

Teil I

Theologie

1
Das Internet als religiöses Phänomen

1.1 Da ist kein Gott im Internet — oder doch?

Der sowjetische Kosmonaut Juri Gagarin soll auf die Frage eines westlichen Journalisten, ob er im Weltall Gott gesehen habe, geantwortet haben: „Gott habe ich dort oben nicht gefunden." Die Frage war natürlich provokativ, aber es ist klar, dass auch die Antwort nichts über die Existenz oder Nicht-Existenz Gottes aussagt. Die Frage nach der Existenz Gottes im Weltall lässt sich auch auf das Internet übertragen: Gibt es Gott im Netz? Viel verrät diese Frage über das Gottesbild, das hinter der Frage und der Antwort stehen. Gott wird zu einer Chiffre, dies gilt für die Frage und auch für die Antwort. Die Frage versucht, den neu erschlossenen Raum des Netzes religiös aufzufüllen, über Naturwissenschaften gelangen wir zu Gotteserkenntnis. Die Antwort geht einen umgekehrten Weg, je weiter sich die Grenzen menschlicher Erkenntnis verschieben, desto mehr verdrängen wir Gott aus dem Raum unserer Erkenntnis. Je weiter sich unsere Erkenntnis entwickelt, desto mehr gewinnt die atheistische Weltdeutung über eine theistische Deutung der Wirklichkeit. Dies ist keine Debatte der 60er Jahre des vergangenen Jahrhunderts, obiges Interpretationsmuster findet sich auch heute wieder, so unlängst in der Replik von Sascha Lobo auf Matthias Matussek. In seiner Analyse „Der neue Mensch" erkennt MATUSSEK [53, S. 136] den

> „Cybernautentraum von Erlösung und ewigem Leben im Netz, natürlich eine kindische theologische Travestie, die aber unendlich viele Phantasien befeuert. Der neue, der erlöste, der gerechtfertigte Mensch ist der verkabelte. [...] Die reale Welt, das ist der

Grundverdacht vieler Piraten-Aktivisten, verdankt ihre Probleme Programmierfehlern, die zu beheben wären."

Matussek sieht in Sascha Lobo einen Vertreter dieses *Cybernautentraumes* — obwohl sie sich nach außen atheistisch gerieren, seien diese Netzaktivisten ihrem Wesen nach religiös.

Diese Ansicht Matusseks kann nicht unwidersprochen bleiben, Sascha LOBO [51] seinerseits erwidert:

„[D]as Quasireligiöse entsteht nicht durch Prediger, Heilsversprechen oder einen Glauben an die Umwälzungen durch die Technologie [...]. Das Digitalreligiöse besteht ebenso wenig in der Hoffnung auf Erlösung und ewiges Leben im Netz (Matussek). Das gefährlich Religionsähnliche entsteht, wenn man vergisst, dass das Netz von Menschen absichtlich geschaffen ist und von Menschen gestaltbar. Jeder Pixel ist an seinem Platz, weil irgendjemand es so wollte (oder die Folgen nicht überblickte), irgendjemand ist verantwortlich, es gibt keinen Gott im Netz und damit kein Schicksal, in das man sich klaglos fügen müsste. Es herrsche also der Zweifel, der Widerspruch: das Gegenteil des Glaubens."

Hat das Netz nun eine religiöse Dimension? Gibt es Gott im Netz? Diese Frage gleicht der, ob es Gott im Weltraum gebe.

Was sicherlich interessant wäre: Phänomenologisch zu untersuchen, inwieweit sich die beschriebenen Netzaktivisten selbst religiöser Deutungsmuster bedienen. Auch Atheisten können nämlich religiös sein, die Negierung Gottes kann glaubenshafte Züge tragen.

Umgekehrt wäre auch der Versuch einer theologischen Interpretation des Internet eine Herausforderung. Pierre Teilhard de Chardins Evolutionstheorie könnte sich mit einer Entwicklung der *crowd intelligence* parallelisieren lassen. Ist die Noosphäre eine Evolutionsmöglichkeit der *crowd intelligence*?

Gegen jegliche Verdrängung des Religiösen aus dem Internet oder jegliche religiöse Überfrachtung des Internet muss man festhalten: Die Frage nach Gott — so wie er sich in Jesus Christus offenbart hat — stellt sich hier nicht. Religiöse Phänomene beweisen oder widerlegen den christlichen Gott nicht, er ist anders, jenseits der Religion. In diesem Sinne spricht beispielsweise Dietrich Bonhoeffer vom religionslosen Christentum.

Über Gagarins Weltraumflug wird auch folgender Witz erzählt:

Chruschtschow fragt Gagarin, ob er Gott gesehen habe. „Ja!" Darauf Chruschtschow: „Hier hast du 10.000 Dollar, aber sage niemand etwas!" Bei einer Audienz fragt der Papst Gagarin nach Gott. „Nein, ich habe ihn nicht gesehen." „Hier hast du 10.000 Dollar, aber schweig!" Schließlich trifft Gagarin Präsident Kennedy: „Hast du Gott gesehen?" „Ja." „Macht nichts, ich habe Theisten und Atheisten unter meinen Wählern." Gagarin: „Sie ist schwarz."

In einem hat der Witz recht: Gott ist anders als wir ihn uns vorstellen — und spannend bleibt es auf jeden Fall, das Internet theologisch zu durchdenken.

Kommentare

Die Frage versucht, den neu erschlossenen Raum des Netzes religiös aufzufüllen, über Naturwissenschaften gelangen wir zu Gotteserkenntnis. Die Antwort geht einen umgekehrten Weg, je weiter sich die Grenzen menschlicher Erkenntnis verschieben, desto mehr verdrängen wir Gott aus dem Raum unserer Erkenntnis. Je weiter sich unsere Erkenntnis entwickelt, desto mehr gewinnt die atheistische Weltdeutung über eine theistische Deutung der Wirklichkeit.

Ich bin tatsächlich eher durch naturwissenschaftliche Erkenntnis dazu kommen, dass es so etwas wie Gott geben muss.

Kann es sein, dass Du Gott ein wenig externalisierst? Oder ist er sowieso überall, also auch im Netz.

Das Internet hat insofern eine religiöse Dimension, als es dafür sorgt, dass die Menschen mehr zusammenwachsen — „We are one in the infinite sun", wie es ein wunderschönes Mantra beschreibt. Und da ist Gott sicher auch mit dabei.

* * *

Hallo N.N.

danke für Deinen Kommentar. Worauf es mir ankam, es geht nicht nur um die Existenz bzw. Nichtexistenz Gottes, sondern darum, wie er sich zeigt. Protestantische Theologie betont, dass der christliche Gott anders ist als unsere Vorstellung von ihm, man also nicht von der Offenbarung Gottes in der Natur auf das Wesen des christlichen Gottes schließen kann, während katholische Theologie durchaus von der natürlichen Gotteserkenntnis ausgeht.

Daher auch die Pointe des Witzes, ob Gott sich im Internet manifestiert oder nicht, weiß ich nicht, wenn er es tut, dann jedenfalls anders, als wir ihn uns vorstellen.

1.2 „Wir müssen lernen, in der Netzkultur zu leben!"

Im Juni 2012 trafen sich 50 Internetexperten zur ökumenisch ausgerichteten *European Christian Internet Conference* (ECIC) in Rom, die auf Einladung der italienischen Bischofskonferenz in Rom stattfand. Eine gute Übersicht über die Beiträge aus neun europäischen Ländern findet sich auch im Blog `kirche20.at` [54], besonders interessant waren jedoch die Impulse aus Italien und dem Vatikan. Man merkte, wie innerhalb der katholischen Kirche um den Umgang mit dem Internet und den sozialen Netzwerken gerungen wird.

Dabei reichen manchmal 140 Zeichen aus, um treffend eine Position zu beschreiben:

Abb. 1.1. Tweet zur ECIC

Das Internet ist für Mgr. Claudio Maria Celli, den Präsidenten des Päpstlichen Rates für die sozialen Kommunikationsmittel, kein Mittel oder Werkzeug zur Evangelisation, sondern ein Ort der Netzkultur — und in dieser Kultur müssen wir als Kirche präsent sein und dort das Evangelium zu verkünden. Ohne dass es ausgesprochen wurde, habe ich dabei auch das Wort *Inkulturation* mitgehört, d.h. die Kirche muss sich auf die Netzkultur, Celli sprach auf Englisch von *Digital Culture*, einlassen, diese verstehen und dort präsent sein und im Dialog das Evangelium verkünden. Auf der ECIC buchstabierte dann Antonio SPADARO [71] aus, was dies für die (katholische) Kirche bedeutet, der es mit seinem Buch *Cyberteologia* in die italienische Zeitung *Repubblica* und in den *Economist* [6] brachte.

Erzbischof Cellis Aussage, dass das Internet kein Werkzeug sei, ist ein weiterer Schritt nach vorne. Unter seinem Vorgänger Erzbischof John P. Foley wurde das Verhältnis der katholischen Kirche zum Internet noch anders bestimmt, hier war der Gedanke des Internet als eines Werkzeuges für die Evangelisation noch bestimmend [59]:

„Das Internet stellt ein wirksames technisches Mittel für die Verwirklichung dieser Vision zur Verfügung. Hier gibt es also ein Instrument, das für verschiedene Aspekte von Verwaltung und Leitung genutzt werden kann. Neben der Öffnung von Kanälen für den Ausdruck der öffentlichen Meinung stellen wir uns Verschiedenes vor wie die Beratung durch Experten, die Vorbereitung von Versammlungen und die Praxis der Zusammenarbeit in und zwischen den Teilkirchen und religiösen Instituten auf lokaler, nationaler und internationaler Ebene."

Celli und Spadaro beschreiben eine Vision, es braucht Zeit, bis sich diese auch innerhalb des Vatikans entwickelt. Interessant wäre es, diese Position, sich als Kirche auf die Netzkultur einzulassen, auch auf Deutschland zu übertragen. Was hieße das für die katholische Kirche — und auch für die evangelische? Wo sind wir in der Netzkultur, die sich häufig atheistisch gibt, präsent? Wir müssen lernen, in der digitalen Kultur zu leben, nur dann können wir in diesem Lebensraum auch den Dialog suchen. Die Netzkultur darf für uns keine fremde Kultur sein, sondern wir müssen in ihr leben lernen.

Kommentare

Man muss sich nichts vor machen: Kirche ist *semper reformanda*, muss sich immer wieder neu auf die Probe stellen und dort ändern, wo es nötig ist. Dies fällt der evangelischen Kirche schwer. Die Mitarbeitenden sind meist so sehr kirchlich sozialisiert (ich nehme mich da nicht aus), dass wir oft gar nicht mehr merken, wie die Kultur rundherum sich geändert hat. Im Gegenteil: Ich stoße immer noch auf Pfarrerinnen und Pfarrer, die stolz darauf sind, unter Kultur nur Bach und Beethoven zu verstehen und von da aus Kirche und kirchliches Leben zu gestalten. In der katholischen Kirche fällt die Änderung etwas leichter. Wenn der Bischof eingesehen hat, dass eine Änderung nötig ist, dann stielt er diese ein, benennt Verantwortliche und dann passiert etwas. Das Ganze gilt aber nur, soweit es durch die vielen theologischen Entscheidungen der Vergangenheit gedeckt ist und sich die Kirche bei Widersprüchen nicht daran gebunden fühlt und die zu beanstandenden Entscheidungen durch theologische fragwürdige Winkelzüge weiterhin legitimiert. Kriterium ist für mich dabei immer 1.Kor. 13,2+3+9+13 — Theologie mag sich die Wahrheit erarbeiten. Wenn das Ergebnis lieblos ist, nützt es alles nichts. Im Zweifel ist die Liebe wichtiger als die Wahrheit. So hat es Gott im Umgang mit den Menschen immer wieder vorgemacht. Kirche neigt dazu, die Wahrheit überzubewerten, so wichtig diese auch sein mag, und in ihrem Handeln, auch in ihrem ethischen Handeln, lieblos zu werden. Dies merken die Menschen. Und sie sagen es einem auch, wenn man mit ihnen zuhört und sich auf sie einlässt. Und da hilft alles nichts: Wenn sich Kirche auf ihre Wurzeln besinnt, dass ihre Botschaft nämlich eine Liebesbotschaft ist, und dass sich dies in der Praxis vor Ort so auch zeigen muss, auch in kritischen Situationen, im Zusammenleben mit Geschiedenen, im Umgang mit Schwulen und Lesben, im Umgang mit kirchenfernen oder anderskonfessionellen oder andersreligiösen Mitarbeitern, mit Frauen in hohen Ämtern. Kirche kann sich im Internet auf den Kopf stellen. Wenn dem Evangelium im Internet nicht landen können, sofern sie an vielen anderen Stellen nicht als glaubwürdig wahrgenommen wird. Sie wird mit dem Evangelium im Internet nicht landen können, sofern sie an vielen anderen Stellen nicht als glaubwürdig wahrgenommen (zu recht) nicht als glaubwürdig wahrgenommen. Das eine oder andere erfolgreiche Projekt mag darüber hinweg täuschen, auch im Internet. Aber es verhindert manchmal Änderungen an der Wurzel.

2

Gottesdienste, Sakramente und Gemeinde im Netz

2.1 Online-Gottesdienste: Bestandsaufnahme und Ideenbörse

Manchmal ist es erschreckend, wie die Zeit verfliegt. Im Internet hat sich in den letzten fünf Jahren viel bewegt, es gibt Twittergottesdienste und Chatandachten, aber der Aufsatz *Gottesdienst und Gemeinde im Internet* von BROK & REIMANN [32], der eine Übersicht aus evangelischer Perspektive bietet und der immer noch zitiert wird, ist von 2007, im Internet ist das ein Zeitalter. Was bedeutet dies für das Thema? Online-versierte Theologinnen und Theologen probieren einfach Formate für Internet-Gottesdienste aus, die praktisch-theologische Reflexion lässt aber auf sich warten, frische wissenschaftliche Literatur gibt es kaum.

Einen Überblick über Gottesdienstformen im Netz gibt diese Übersicht:

Streaming von Gottesdiensten

- Fernsehgottesdienst/Radiogottesdienst: Internetstreaming erfolgt in der Regel über die Sender, dies ist mittlerweile Standard.

- Gemeindegottesdienste: In Skandinavien oder USA streamen einige Gemeinden regelmäßig ihren Gottesdienst, in Deutschland ist dies noch keine gängige Praxis, Beispiele dazu auch im zitierten Aufsatz; es gibt auch Vorreiter wie www.ludgerus.net/live/livestream.pl.

14   2 Gottesdienste, Sakramente und Gemeinde im Netz

- Multimediale Gottesdienste, z.B. Fernsehgottesdienst mit parallelem Chat, Fürbitten können auch online gepostet werden. Beispielhaft ist dafür noch immer der Fernsehgottesdienst zum Volkstrauertag in Wilhelmshaven 2006, leider ist die dazugehörige Website www.staerker-als-geschichte.de nicht mehr online, eine Projektbeschreibung findet sich unter [32]. Zu diesem Genre könnte man auch den Facebook-Gottesdienst (vgl. Abschnitt 2.3) zählen, der allerdings nicht über TV gesendet wurde, sondern nur als Stream bzw. on-demand verfügbar ist.

Twittergottesdienste:

Hier kommt der Kurznachrichtendienst Twitter zum Einsatz. In der Regel werden hier Textnachrichten versendet, allerdings ist auch der Versand von Fotos/Bildern möglich. Natürlich können auch Links zu Audio-Dateien und zu Videos gepostet werden.

Bei Twittergottesdiensten stellt sich die Frage nach der Audience: Für wen mache ich den Gottesdienst? Für die vor Ort versammelte Gemeinde, für die Christinnen und Christen, die online teilnehmen, oder für beide Zielgruppen?

Bei der Planung sollte man sich über die Zielgruppe(n) klar sein.

- Twittergottesdienst für die Gemeinde: Beispielsweise in der evangelischen Kirchengemeinde in Meckenheim twittergottesdienst.meckenheim-evangelisch.de, Ziel ist die Erhöhung der Interaktion in der Gemeinde, dazu schreibt Knut DAHL [34]:

  „Es gibt viele Modelle für neue Gottesdienstformen. Die bekanntesten sind diejenigen, die sich schon seit einiger Zeit etabliert haben sind ‚Familiengottesdienste' und ‚Jugendgottesdienste'. Denkt man neue Gottesdienstformen unabhängig von Zielgruppen, sondern sucht vielmehr nach neuen Möglichkeiten von Gemeindebeteiligung im Gottesdienstgeschehen, liegt es nahe, an die große Kommunikationsplattform Twitter zu denken.

  Nun soll es nicht darum gehen, virtuelle Gottesdienste auf der Plattform zu ‚feiern'. Vielmehr soll im gottesdienstlichen Kirchraum die Möglichkeit bestehen, sich ‚direkt' mit ‚Tweets' zu beteiligen. Die einzelnen Äußerungen sollen für alle Gottesdienstbesucher an einer Twitterwall sichtbar sein. Absetzen kann man

2.1 Online-Gottesdienste: Bestandsaufnahme und Ideenbörse

die Tweets über das Mobiltelefon oder an einem Computer im Gottesdienstraum.

Der betreffende Hashtag (#) wird im Gottesdienst bekannt gegeben.

Der Gedanke ist nicht neu und Twitter-Gottesdienste sind auch schon realisiert worden. Nach meiner Kenntnis aber nicht von evangelisch-landeskirchlicher Seite."

Weitergehende Überlegungen finden sich bei DAHL [35].

- Einbinden von Menschen außerhalb des Gemeindegottesdienstes, z.b. abgereiste Teilnehmer eines Barcamps (und natürlich auch, um die Interaktion der Gemeindeglieder zu erhöhen): Twittergottesdienst auf dem Relicamp 2012 in Frankfurt [74].

- Ähnlich auch die Online-Bibelarbeit auf dem Kirchentag in Dresden 2011 [41]:

Beim Twittergottesdienst auf dem Relicamp und der Online-Binelarbeit habe ich selbst als Liturg bzw. Bibelarbeiter mitgemacht. Da niemand einen Twittergottesdienst alleine halten kann, ist der Gottesdienst schon von sich aus auf Kooperation der Beteiligten und damit auf Interaktion angelegt. Interaktion ist eine Haltung, die sich quer durch die gesamte Gestaltung des Gottesdienstes zieht. Beim Gottesdienst soll niemand ausgeschlossen sein, daher hatten wir Karteikärtchen für die, die kein Smartphone/Notebook dabei hatten. Diese Kärtchen wurden dann vom Team abgetippt. Ebenfalls hatten wir einen *Twitter-Reporter*, der die Predigt bzw. den Ablauf des Gottesdienstes postete, so dass es für die Gottesdienstteilnehmer über Twitter auch möglich war, dem Ablauf zu folgen. Wichtig für die Gottesdienstbesucherinnen und -besucher in der Kirche ist die Twitterwall, dazu kann man ein kostenloses Tool wie `twitterwallr.com` nutzen, aufwändiger ist eine eigene Programmierung, die es erlaubt, vorab auch Inhalte zur Vorbereitung zu posten bzw. ggf. die Tweets zu filtern, falls Störer das Hashtag gebrauchen. Die Reduktion auf 140 Zeichen führt manchmal zu kraftvollen Verdichtungen, z.B. wenn jemand tweetet, „Gott ist mein Navi." Es gibt aber auch Teilnehmende, die den Twittergottesdienst „extrem protestantisch wortlastig" finden. Die von der Gemeinde geposteten Fürbitten waren sehr persönlich, einige haben mich angerührt. Auch aus Österreich gibt es gute Erfahrungen mit Onlinegottesdiensten unter `www.online-andacht.at`.

2 Gottesdienste, Sakramente und Gemeinde im Netz

Facebook-Gottesdienst:

- Der erste katholischer Facebook-Gottesdienst am 1.4.2012 [44] wurde von der katholischen Fernseharbeit verantwortet. Allerdings wirkten die Gottesdienstbesucher in der Kapelle wie Statisten (vgl. Abschnitt 2.3). Mein Eindruck, die Zielgruppen sind nicht klar definiert. Ob Twitter oder Facebook, bei jeder Aktionsform muss klar sein, wer meine Zielgruppe oder Zielgruppen sind: die Gemeinde vor Ort, die Gemeinde im Netz oder beide.
- Auch auf Bistumsebene gibt es Facebook-Gottesdienste, hiervon berichtet das Blog `kirche20.at` [69].

Chatandachten:

- auf `evangelisch.de` fanden von 2009 bis 2011 regelmäßig Chatandachten in Kooperation mit der Internetarbeit der rheinischen Kirche statt. Einige Andachten waren auf einen Anlass bezogen und folgten einer speziellen Liturgie wie die Chats am Ewigkeitssonntag (vgl. Abschnitt 2.6). Andere waren regelmäßige Andachten am Donnerstagabend um 21.30 Uhr, dazu gibt es ein Protokoll unter [62] und einen Erfahrungsbericht in einem Blogbeitrag von Heiko KUSCHEL [47]. Persönlich fand ich bei diesen Andachten das gemeinsam gebetete Vaterunser und den Segen wichtig, die Chatandachten waren ein Ort, online Glauben zu leben.

Kommentare

Weitere Links zum Thema: Bei der Beatmesse World Wide in der Gemeinde und auf dem DEKT 2011 in Dresden banden wir die Besucherinnen und Besucher per Twitter und SMS ein — sie konnten über diesen Weg Fürbitten beisteuern, die wir dann per Beamer projiziert haben.

Links dazu: http://beatmesse.de/konzept19.html und http://beatmesse.de/konzept19DEKT.html, die Server-Software (GPLv2) ist unter http://code.google.com/p/beatmesse-world-wide/ abgelegt — leider gibt's noch keine nennenswerte Doku dazu.

* * *

Ich finde zwei Aspekte noch interessant: (1) Wie kann ein wie auch immer gearteter Online-Gottesdienst gestaltet werden, ohne dass einfach nur ein bisheriges Gottesdienstmodell der Hut „online" übergestülpt wird. Bzw. auch, wie können Social Media einen/den (Online-)Gottesdienst verändern? (2) Was für Gottesdienstformen sind dem jeweiligen Medium angemessen? Passt es z.B. zu Facebook

und der üblichen Facebooknutzung, wenn eine Assistentin mit dem iPad im Bild läuft und ein paar Kommentare abliest?

* * *

Spontan finde ich die Bedeutung von Gottesdiensten im Internet eher marginal. Vielleicht im Notfall, wenn die Kirche zerbombt ist und man sich als Christ nur noch über das Internet unterhalten kann. Aber dann stellt sich auch die Sicherheitsfrage. Ansonsten kann nichts den wirklichen Gottesdienst ersetzen, die reale Zusammenkunft der Gemeinde. Übers Internet einen Gottesdienst zu veranstalten ist relativ unsinnig. Dann kann man auch gleich Seelsorge im Chat machen. Für mich ist das Internet, ist Twitter oder Facebook usw. eine Möglichkeit, mit Menschen ins Gespräch zu kommen und ihnen von Jesus Christus zu erzählen. Mag sein, dass das sogar eine Form von Gottesdienst sein kann, aber richtige Gottesdienste zu veranstalten, halte ich für sinnlos und undurchführbar. Ich habe das Gefühl, damit wird nur versucht, eine Kern-

2.1 Online-Gottesdienste: Bestandsaufnahme und Ideenbörse

kompetenz der evangelischen Kirche ins Internet zu transportieren. Die Kernkompetenz ist aber nicht der Gottesdienst. Die Kernkompetenz ist das Evangelium von Jesus. Und das kann man im Internet verbreiten, damit die Menschen in den Gottesdienst gehen und Gott begegnen. Aber wenn man unbedingt hipp sein will und Gottesdienste im Internet feiern will, bleiben die Gottesdienste online genauso leer wie offline.

* * *

Katholischerseits kann ich noch zweimal Online-Gottesdienst in Form von Stundengebet, genauer gesagt der Komplet, ergänzen:

- die Chat-Komplet der Kirche St. Bonifatius in Funcity kirche.funcity.de, hier gibt es (z.B. beim Tagesrückblick) Möglichkeiten für die Teilnehmer, persönliche Gedanken mit ins gemeinsame Gebet hineinzubringen

- die Komplet in der Kirche St. Georg in Second Life, ein Überrest des Projekts „Kirche in virtuellen Welten" des Erzbistums Freiburg, jetzt ehrenamtlich weitergeführt (Facebook-Seite: facebook.com/pages/Virtuelle-Kirche-St-Georg/ 271709703669); hier ist es die ganz klassische Form der Komplet, ungewöhnlich ist nur das Medium bzw. die Form der Teilnahme.

2.2 ~o~ heißt: „Friede sei mit dir" — Gottesdienste im Internet

Facebook-Gottesdienst, Twittagsgebet, Chatandacht oder Online-Abendmahl — alleine diese Worte zeigen schon, was es im Netz alles gibt. Allerdings, was technisch geht, muss theologisch noch lange nicht gut sein. Das Web 2.0 hat die Trennung zwischen Produzenten und Konsumenten, aufgehoben, wir alle sind *Prosumer* geworden, d.h. wir produzieren und konsumieren Inhalte. Auf Gottesdienste übertragen heißt dies, die Trennung zwischen der Liturgin bzw. dem Liturgen (dem *Produzenten* bzw. der *Produzentin* eines Gottesdienstes) und der Gemeinde (den *Konsumenten* eines Gottesdienstes) ist aufgehoben. Diese Möglichkeiten des Web 2.0 werden allerdings nicht immer genutzt, man findet daher auch im Internet Gottesdienst 1.0, d.h. traditionelle Gottesdienst-Formen aus der Kohlenstoffwelt, die eins zu eins ins Internet transponiert werden, ohne die durch das Web 2.0 gegebenen Kommunikationsformen zu nutzen. Andererseits gibt es in den Weiten der Online-Welten auch immer jemand, der oder die Experimentelles einfach umsetzt und neue Online-Techniken nutzt, ohne sich für diese Gottesdienstform die kirchenamtliche Erlaubnis einzuholen.

Streaming von Gottesdiensten

Das Streaming — also eine Live-Übertragung über das Internet — war 2001 noch etwas besonderes, als die rheinische Kirche auf `ekir.de` erstmalig einen Pfingstgottesdienst live ins Internet streamte. Damals ein innovatives Konzept, würde sich heute allerdings niemand mehr Online-Streams in Briefmarkengröße ansehen wollen. Internetübertragungen von Gottesdiensten sind so normal geworden, dass man in der Regel nichtmals mehr an den Verbreitungsweg denkt. Man kann beispielsweise den ZDF-Fernsehgottesdienst über Antenne, Satellit oder eben das Internet ansehen, das Internet ist nur der Übertragungskanal, die Form des Gottesdienstes wird aber nicht durch das Netz beeinflusst. Was in den USA oder Skandinavien schon üblich ist, fasst auch in Deutschland Fuß, es gibt bereits Gemeinden, die regelmäßig den Gemeindegottesdienst ins Internet übertragen.

2.2 ~o~ heißt: „Friede sei mit dir" — Gottesdienste im Internet   19

On-demand-Video

Neben der Live-Übertragung gibt es auch das Bereitsstellen von on-demand-Videos von Gottesdiensten. Ob Übertragung oder on-demand, Online-Angebote sind natürlich besonders interessant für Gemeinden, an deren Gottesdienste bestimmte Zielgruppen nicht vor Ort teilnehmen können. Die *Cathedral of Hope* in Dallas cathedralofhope.com ist eine so genannte *open and affirming church*, also eine Gemeinde innerhalb der UEK-Partnerkirche United Church of Christ, die schwule, lesbische und Transgender-Christen explizit einlädt. Da es in Texas nicht in allen Städten solche offene Gemeinden gibt, können aufgrund des langen Weges viele Interessierte nur unregelmäßig am Gottesdienstleben teilnehmen. Daher setzt die Cathedral of Hope auch auf das Internet und bietet ihre Gottesdienste auch on-demand im Internet an. Um die Rückbindung an die Gemeinde vor Ort herzustellen, werden die Internet-User gebeten, dem Pfarrer bzw. der Pfarrerin das Ansehen des Gottesdienst-Videos mitzuteilen, die Gemeinde spricht dann von der Online-Teilnahme am Gottesdienst.

Interaktive Gottesdienste

Einen Schritt weiter gehen interaktive Gottesdienst. Das Internet ist funktioniert hier auch als Rückkanal zur versammelte Gemeinde. Die Online-Teilnehmer am Gottesdienst spielen über Email, Chat oder Twitter bzw. Facebook ihre Anliegen wieder zurück in das gottesdienstliche Geschehen der versammelten Gemeinde. Beispielhaft dafür ist der ZDF-Gottesdienst zum Volkstrauertag 2006. Unter dem Titel „Stärker als Geschichte" wurde aus der Christus- und Garnisonkirche in Wilhelmshaven nicht nur ein Gottesdienst im Fernsehen und als Internet-Stream übertragen. Sondern über das Internet konnten sich Menschen aktiv im Vorfeld der Übertragung über ein Blog und dessen Kommentarfunktion einbringen, während der laufenden Sendung könnten sie online Fürbitten posten, die dann verlesen und übers Fernsehen übertragen wurden. Während des Gottesdienstes gab es einen Chat. Das Internet eröffnete im Gegensatz zum Fernsehen einen Rückkanal, so dass die Nutzerinnen und Nutzer Fragen stellen oder sich mit ihren Anliegen an Seelsorger wenden können. So wünschenswert solche partizipatorischen Gottesdienste sind, es gibt sie nicht oft, denn die Vorbereitung ist deutlich aufwändiger.

Zu diesem Genre könnte man auch den nach eigenen Angaben ersten katholischen Facebook-Gottesdienst [44] im April 2012 zählen, der mit dem

Slogan „Einloggen, anklicken, mitfeiern" beworben wurde. Dem Gottesdienst merkte man deutlich die Herkunft aus der Fernseharbeit an, auch wenn er nur über das Internet gesendet wurde. Neben dem Priester gab es ein gutes Dutzend Gottesdienstbesucherinnen und -besucher auf den Bänken einer Kapelle. Eine Online-Redakteurin trat neben den Pfarrer und verlas vom iPad, was die Facebook-User mitteilten; dies wurde dann wieder live gestreamt.

Bei diesem Gottesdienst wurde die Problematik von Online-Gottesdiensten deutlich: Durch das Medium Internet als solches wird ein Gottesdienst nicht automatisch interaktiv. Auch die Menschen in den Bänken hätten zum Mikro gehen können und Fürbitten vortragen können oder sie hätten selbst ihr Smartphone zücken können und ihre Anliegen posten können — aber sie verhielten sich wie sonst bei Gemeindegottesdiensten: zuhören, mitbeten, mitsingen. Oder zielte der Gottesdienst eigentlich auf die Facebook-User irgendwo draußen im WWW ab und sind die in der Kapelle versammelten Menschen nur schmückendes Beiwerk? Dann hätten ihre Interaktionen aber im Mittelpunkt stehen müssen und nicht nur von einer Reporterin verlesen werden dürfen. Es ist schwierig, zwei Zielgruppen — vor Ort und online — in einem Gottesdienst einzubeziehen und beiden gleichsam gerecht zu werden.

Sowohl im evangelischen als auch katholischen Bereich gibt es auch in Deutschland Gemeinden, die ihren Gottesdienst ins Internet übertragen. Auch wenn dieser Gottesdienst potenziell von allen Nutzern des WWW verfolgt werden könnte, richtet sich der Gottesdienst dieser Gemeinden jedoch hauptsächlich an Menschen, die bereits einen Bezug zur jeweiligen Gemeinde haben. Das Internet bietet ihnen die Möglichkeit teilzunehmen und ihre Anliegen einzubringen, auch wenn sie nicht vor Ort dabei sein können.

Twittergottesdienste

Das Internet kann auch zur Aktivierung der Ortsgemeinde beitragen, hierfür eignet sich besonders gut der Kurznachrichtendienst Twitter. Per Mobiltelefon oder PC im Gottesdienstraum können Gottesdienstbesucher direkt Kurzmitteilungen — so genannte Tweets — schreiben, die auf einer so genannten Twitterwall gebündelt werden und per Beamer für alle sichtbar an eine Wand im Gottesdienstraum geworfen werden. Hier ermöglichen Neue Medien auch neue Gottesdienstformen. Ein Kommentar zur Predigt auf der Twitterwall stört nicht, sondern kann sie ergänzen,

2.2 ∼o∼ heißt: „Friede sei mit dir" — Gottesdienste im Internet

während Getuschele im traditionellen Gottesdienst als störend empfunden würde. Erfahrungen aus Twittergottesdiensten zeigen, dass sich auch Menschen — gerade auch Männer — aktiv z.b. mit Fürbitten beteiligen, die sonst im Gottesdienst eher stumm blieben. Wie für jede neuartige Gottesdienstform gilt, auch solche Gottesdienste müssen gut vorbereitet werden, um das Potenzial, das in ihnen steckt, auch umzusetzen. Die Reduktion auf 140 Zeichen bei den Tweets führt manchmal zu kraftvollen Verdichtungen, z.b. wenn jemand twittert, „Gott ist mein Navi." Es gibt aber auch Teilnehmende, die einen Twittergottesdienst „extrem protestantisch wortlastig" [74] finden. Dies gilt besonders dann, wenn sie nicht vor Ort dabei waren, sondern den Gottesdienst nur anhand der Tweets verfolgt haben, in denen ein Twitterreporter das Gottesdienstgeschehen per Kurzbotschaften ins Internet kommuniziert hat.

Chatandachten

Erst waren sie nur ein Pilotprojekt, dann forderten die User sie regelmäßig ein, von 2009 bis 2011 fanden auf `evangelisch.de` regelmäßig Chatandachten statt. Im Chat trafen sich regelmäßig zehn bis 25 Mitglieder aus der Community einmal die Woche zu einem Andachtschat [47]. Über die Zeit bildete sich eine feste Liturgie heraus. In der Eingangsliturgie beteten die Chatteilnehmer einen Psalm im Wechsel, danach tauschten sie sich zu einem biblischen Text aus, gefolgt von Fürbitten, Vaterunser und Segen. Eine Anbindung an eine Ortsgemeinde gab es nicht, Liturg bzw. Liturgin und Gemeinde waren alle gemeinsam online, kannten sich aber aus der `evangelisch.de`-Community. Die Reduzierung auf das gesprochene — oder besser: getippte — Wort ermöglichte andererseits auch eine Nähe, die man sonst in landeskirchlichen Gemeinden nur selten kennt. In den Fürbitten wurden häufig auch persönliche Gebetsanliegen vorgetragen. Es entwickelten sich über die Zeit eigene Formen und Rituale. Der Fokus lag auf Interaktion und Austausch, anstelle der Predigt gab es einen Dialog zum Bibeltext. Beim gemeinsam getippten Vaterunser wartete man auf den langsamsten Tipper und für den Friedensgruß „Friede sei mit dir" erfand jemand die Zeichenfolge ∼o∼, die an eine Friedenstaube erinnern soll, als Symbol.

Online-Gemeinden?

Im Gegensatz zu gestreamten Gottesdiensten sind Chatandachten reine Internetgottesdienste, die Internetuser sind die versammelte Gemeinde.

Dies führt konsequenterweise zur Frage, ob es reine Online-Gemeinden geben kann — geben darf oder sogar geben müsste. Dies ist zunächst einmal eine komplexe theologische Fragestellung. Das Augsburger Bekenntnis (Artikel VII) beschreibt die Kirche als „die Versammlung aller Gläubigen ..., bei denen das Evangelium rein gepredigt und die heiligen Sakramente laut dem Evangelium gereicht werden." Daher ist nicht der Ort entscheidend — sei es eine Kirche in der Kohlenstoffwelt oder eine Online-Gemeinde —, sondern was in der Gemeinschaft geschieht.

Offizielle Online-Gemeinden als Personalgemeinden einer Landeskirche gibt es in Deutschland (noch) nicht. Die Kirche von England ist in diesem Punkte einen Schritt weiter. Die *London Internet Church* versteht sich als Teil der anglikanischen Diozöse London, ist aber weltweit ausgerichtet, wie es auf der Startseite `londoninternetchurch.org.uk` heißt: „Die London Internet Church ist eine über die Welt verteilte Gemeinschaft, die sich online trifft, um Gottesdienst zu feiern, nach Antworten zu suchen, einander zu ermutigen und zu beten." Was in der Weltstadt London bereits Wirklichkeit ist, bleibt für Deutschland eine Herausforderung.

Wenn evangelische Kirche sich als Volkskirche versteht und da sein will, wo Christenmenschen leben, ist es an der Zeit, entsprechende Online-Angebote für die Menschen zu machen, die gewollt oder ungewollt viel ihrer Zeit im Netz verbringen oder im Internet leben.

Online-Abendmahl

Die Verkündigung des Evangeliums ist selbstverständlich auch im Internet möglich, bei der Online-Sakramentsverwaltung haben die meisten Theologen Bedenken. Aber im Internet gibt es nichts, was es nicht gibt, so feierte im September 2012 ein Prädikant in einer hessischen Gemeinde ein Online-Abendmahl (vgl. Abschnitt 2.4), die Internetuser waren eingeladen, bei sich zu Hause vor dem Bildschirm Brot und Wein bzw. Traubensaft zu sich zu nehmen. Man kann es also tun, aber was bedeutet es? Und soll man dies wiederholen? Ist Christus nur dann gegenwärtig in Brot und Wein, wenn die Gemeinde an einem Ort der Kohlenstoffwelt versammelt ist, oder übersteigt die Gegenwart Christi auch räumliche Schranken? Wie Christus im Herrenmahl gegenwärtig ist, war ein Streitpunkt zwischen Lutheranern und Reformierten zur Reformationszeit. Das Internet stellt diese Frage neu — und noch viele andere Fragen mehr.

2.3 „Der heilige Geist weht heute auch im Internet" — auf Facebook hat er sachte geweht

Ein Facebook-Gottesdienst — da sieht Kirche modern aus und erhält gute Schlagzeilen in der Presse: *dpa* legt vor, `evangelisch.de` übernimmt [45]. Am Palmsonntag gab es den ersten (deutschsprachigen) Facebook-Gottesdienst. Katholische Fernseharbeit, `katholisch.de` und und `domradio.de` übertrugen aus dem Maternus-Haus in Köln eine Andacht. Der Stream wurde auf Facebook eingebunden, Facebook-User eingeladen, Fürbitten und Kommentare zu posten. KIRCHETV [44] wirbt:

> „Einloggen, anklicken, mitfeiern: Mit dem ersten interaktiven Facebook-Gottesdienst gibt die Katholische Kirche in Deutschland der Botschaft des Evangeliums ein neues Gesicht. Nicht nur mitbeten, sondern auch posten und sich aktiv am Gottesdienst beteiligen. ‚Der Heilige Geist weht auch im Internet', sagt Pfarrer Dietmar Heeg von der Katholischen Fernseharbeit in Frankfurt, der durch die Andacht führte. ‚Warum sollte sich Gemeinde nicht auch online bilden?'"

Ich muss gestehen, ich war nicht live dabei. Ich habe mir den Gottesdienst auf YouTube quasi als Konserve im Büro angesehen, dazu die entsprechende Facebook-Seite. Das erklärt wohl, warum ich nicht enthusiastisch bin. Ein Gottesdienst lebt von der Gemeinschaft, die ich bei einer Aufzeichnung so nicht habe.

Positiv finde ich, dass Pfarrer Heeg etwas ausprobiert — nur so kann sich auch eine Online-Liturgie entwickeln. Zu Beginn redet er direkt die Gemeinde an, das liturgische Du wird zum Online-Du.

Man merkt allerdings die Herkunft aus der Fernseharbeit. Der ins Netz gestreamte Gottesdienst fühlt sich für mich wie ein Fernsehgottesdienst an — nur etwas einfacher und weniger hochkarätig. Zwei Kameras und nur ein gutes Dutzend Gottesdienstbesucherinnen und -besucher auf den Bänken. Das ist etwas leer, zumindest hebt es kein Gemeinschaftsgefühl, auch ein Gemeindegesang in dieser Besetzung wirkt mickrig.

An mehreren Stellen kommt die nur mit dem Vornamen Sarah vorgestellte Online-Redakteurin vor die Kamera und tritt neben Pfarrer Heeg. Vom iPad verliest sie, was die Facebook-User mitteilen, sie wirkt wie die online eingeholte Stimme des Publikums bei TV-Sendungen.

Ich frage mich: Wer ist die Gemeinde? Die Gottesdienstbesucher vor Ort bekommen von den Online-Stimmen nur das mit, was Sarah verliest. Wie wäre eine Twitterwall gewesen? Neben Facebook wurde auch zu Feedback über Twitter aufgerufen unter #fbgottesdienst. Sarahs iPad ist quasi die Brücke zwischen Online- und Vorortgemeinde. Hier hätte ich mir mehr Interaktion gewünscht in beide Richtungen.

Durch das Medium Internet als solches wird ein Gottesdienst nicht automatisch interaktiv. Auch die Menschen in den Bänken hätten zum Mikro gehen können und Fürbitten vortragen können, oder sie hätten selbst ihr Smartphone zücken können. Oder zielt der Gottesdienst eigentlich auf die Facebook-User irgendwo draußen im WWW ab? Sind die Menschen im Maternus-Haus nur deshalb da, damit der Raum nicht leer wirkt? Könnte man einen Gottesdienst streamen, ohne Gemeinde vor Ort, nur mit einem Priester vor der Kamera? Würden Protestanten dies anders sehen als Katholiken?

Trotz oder gerade wegen dieser Fragen finde ich es gut, dass Pfarrer Heeg diesen Facebook-Gottesdienst gefeiert hat. Diese Fragen zur Liturgie müssen wir beantworten — und mögliche Antworten findet man nur durch das Ausprobieren. Daher bin ich auch auf eine Auswertung gespannt.

Auch mit der evangelischen Fernseharbeit hatten wir 2006 einen interaktiven Gottesdienst, damals noch über Chat und Forum auf der eigenen Plattform. Leider blieb es in dieser Form bei einem einmaligen Versuch. Daher freue ich mich über jeden, der das Thema wieder aufgreift.

Ich würde mich freuen, wenn das Experiment weiterginge, ganz im Sinne dieses Retweets:

```
RT: Gutes Experiment, der Facebook-Gottesdienst auf
Twitter. Interaktionsmässig aber sicher ausbaubar!
```

Kommentare

Ich bin nicht mehr bei Facebook, sonst hätte ich vielleicht mal reingesehen, das Thema beschäftigt mich ja seit längerem. Ich frage mich, ob überhaupt ein Video notwendig ist. Vielleicht liegt das daran, dass ich Protestant bin mit klar reformierter Prägung („Bilder müssen nicht ..."). Dass das bei Facebook stattfindet, finde ich auch schwierig, aber zum Austesten dessen, was geht, ist es in Ordnung. Die Idee mit Twitter (oder `identi.ca`?) finde ich auch nicht schlecht. So könnte man Fürbitten direkt bringen. Dafür kann man unter Umständen mehrere stille Zeiten im Ablauf haben, damit auch möglichst viele Nachrichten durchkommen, und man für die beten kann. Dies könnte vielleicht so etwas wie Gemeinschaft aufkommen lassen. Für mich stellt sich immer noch die Frage, ob es technisch irgendwie möglich wäre, per Konferenzschaltung gemeinsam zu singen (gibt wahrscheinlich ein furcht-

bares Durcheinander, von wegen Latenzzeiten und so), damit käme man noch besser zusammen, so gemeinschaftsmäßig. Womöglich ist es mittelfristig sogar möglich, eine spezielle Gottesdienst-Software zu programmieren, die die Kirche dann auf ihrem eigenen Server hat, und man kann sich da per Facebook, OpenID oder einfach als Gast einklinken (oder Twitter, oder oder). Dann kann jeder mitmachen, man muss keine neuen Identitäten anlegen und ist quasi wiederfindbar, wenn man das will. Oder aber nicht, wenn man das nicht will. Vielleicht ist es noch eine Idee, zwei verschiedene Twitter/`identi.ca`/was-weiß-ich-Kanäle zu benutzen für den Liturgen und die Gemeinde, so verschwindet der Textteil des Liturgen nicht so schnell bei einer großen Zahl an Teilnehmern, andererseits hat man durch das dauernde Updaten der Gemeindeantworten von jedem Einzelnen auch ein Gefühl von Gruppe und Zusammen-

2.3 „Der heilige Geist weht heute auch im Internet"

gehörigkeit ..., aber jetzt spinne ich schon zu sehr in die Details rein.

* * *

Ich habe dies für einen Aprilscherz gehalten und daher nicht weiter beachtet.

* * *

Ich hab den Gottesdienst weder live noch als Konserve gesehen. Der kritische Kommentar gefällt mir gut, die Argumente kann ich nachvollziehen. Nur am Ende ist aus meiner Sicht ein „Denkfehler": Dieser Facebook-Gottesdienst war genauso öffentlich zugänglich wieder jeder andere auch — es gibt aber immer Zugangsbarrieren. Im „richtigen Leben" mag es an der Entfernung oder an der eigenen Gebrechlichkeit liegen, die es Menschen nicht (mehr) ermöglichen, hinzukommen.

* * *

Ich dachte auch, das sei ein Aprilscherz. Ansonsten passt hier der sehr gute Kommentar zu einem anderen Post hier im Blog:

„Ich verstehe Facebook als Marktplatz, auf dem sich Menschen, Gruppen und Verkäufer inszenieren. Und natürlich muss auch der Pastor dort zu finden sein. Skeptisch sehe ich jedoch Versuche, Facebook selbst zum Tempel oder dessen Vorhof machen zu wollen, nicht nur wegen der Händler."

Genauso sehe ich das.

2.4 Abendmahl online? Wollen wir das?

„Abendmahl im Internet: Ein Experiment" ist der Abendaufmacher am 6.9.2012 von `evangelisch.de` [43]. Am kommenden Freitag – so die Ankündigung – wird in der evangelischen Kirchengemeinde Eppertshausen unter dem Titel *Chillen mit Gott* ein alternativer Gottesdienst gehalten.

Während des Gottesdienstes feiert die Gemeinde auch das Abendmahl, dies wird ins Internet gestreamt, über eine Webinar-Software können Internet-User dem Gottesdienst folgen. Geplant hat diesen Gottesdienst Ralf Friedrich. Er ist Prädikant und ruft die Internet-User auf, sich „ein Stück Brot oder eine Oblate sowie einen Schluck Traubensaft oder Wein für die Abendmahlsfeier" bereit zu legen.

Abb. 2.1. evangelisch.de kündigt das Online-Abendmahl an

Der Artikel von `evangelisch.de` führt aus:

> „,Wie wir das Abendmahl nun im Internet spenden, wird noch eine Herausforderung sein', gibt Friedrich allerdings zu. Wahrscheinlich wird er Brot und Wein einfach in die Kamera halten, ,dann sieht das ja jeder persönlich für sich.' Teilnehmer zu Hause am Bildschirm brauchen ein bisschen Vorstellungskraft, sie könnten

2.4 Abendmahl online? Wollen wir das?

zum Bildschirm greifen, beides symbolisch ‚entgegennehmen, und dann im richtigen Moment gemeinsam mit der »echten« Gemeinde in Eppertshausen essen und trinken. ‚Dichter kommen wir in dieser Situation auch nicht ran‘, bedauert Friedrich."

Die Gottesdienstankündigung hat es auch in die Lokalzeitung [19] gebracht, anders als bei evangelisch.de lautet der Titel jedoch: „Gottesdienst in evangelischer Kirche Eppertshausen auch als Livestream im Internet." Es ist eine Gottesdienstübertragung, der Übertragungsweg ist jedoch nicht der Äther wie beim TV, sondern das Internet. Theologisch kann ich keinen Unterschied feststelllen, ob die Übertragung digital über Datenpakete im Internet läuft, oder über Satellit, Kabel oder Antenne. Bisher hat noch keine Rundfunkpastorin und kein TV-Pfarrer die Fernsehzuschauer aufgefordert, während der Übertagung Brot und Wein zu sich zu nehmen. Wer einer Übertragung eines Abendmahlsgottesdienstes folgt, sieht zu, nimmt aber nicht teil. Das dürfte bei einem Internet-Stream nicht anders sein. Deshalb habe ich bei Fernsehgottesdiensten noch nicht die Aufforderung an die Zuschauerinnen und Zuschauer vernommen, sich die Elemente des Sakramentes bereitzustellen und diese einzunehmen. Ralf Friedrich betritt Neuland.

Kann es ein Abendmahl im Internet geben? Das will ich gar nicht ausschließen, persönlich halte ich es für möglich. Ein Internet-Abendmahl muss aber mehr sein++ als eine reine Übertragung, es muss Gemeinschaft ermöglichen bzw. in einer Gemeinschaft geschehen. Dies geht auch im Internet, wenn die Interaktionsmöglichkeiten des Netzes genutzt werden. Das Internet kann gemeinschaftsstiftendes Medium sein. Wenn in einer Mediengemeinde der Wunsch aufkäme, die Gemeinschaft in Christus auch leiblich zu erfahren, dürfen oder können die online versammelten Christenmenschen dann Abendmahl feiern? Diese Frage habe ich gemeinsam mit Tom Brok [32] durchaus nicht nur rhetorisch gestellt:

„Was würde passieren, wenn jemand die Einsetzungsworte über Chat spräche und Chatteilnehmer gleichzeitig Brot und Wein zu sich nähmen? Wäre Christus dann gegenwärtig in Brot und Wein oder ist seine Präsenz räumlich auf einen Radius um den Altar in der Ortsgemeinde beschränkt? Was gewönnen diese Gemeinden und was verlören sie dadurch? Fragen — auf die Antworten noch gesucht werden."

Ein Internet-Abendmahl wirft Fragen auf, manche werden sich vielleicht nicht am theologischen Schreibtisch lösen lassen, sondern in der Praxis der Gemeinde sich von selbst beantworten. Theologisch verantwortlich ist es, diese Fragen aber auch zu benennen und zu durchdenken — und auch auszuhalten, dass es vielleicht keine Antworten gibt oder man die Antworten erst im Vollzug findet. Sie aber vorab beiseite zu schieben, wie es Ralf Friedrich tut, ist theologisch nicht verantwortlich [43]: „Ich denke, wir haben teilweise Ängste und sagen: Ist das theologisch überhaupt richtig, funktioniert das? Und ich sage: Lasst uns das nicht aus der theologischen Brille sehen, sondern aus der seelsorgerlichen, spirituellen Brille!"

Das Abendmahl und das Abendmahlsverständnis sind keine Marginalien, sondern stehen im Zentrum unseres Glaubens. Der Abendmahlsstreit zwischen Luther und Zwingli wird so hart geführt, weil es für Luther im Abendmahlsverständnis um die Christologie geht, dass es im Marburger Gespräch 1529 sogar zur Aussage kommt, „Ihr habt einen anderen Geist als wir." Auch die fehlende eucharistische Einladung der katholischen Kirche an Protestanten wird mit der fehlenden Gemeinschaft begründet. Wenn das Abendmahl und die im Abendmahl gestiftete Gemeinschaft so zentral ist, müssen wir uns auch die Mühe geben, diese online im Abendmahl zu ermöglichen.

Wenn Ralf Friedrich Webinar-Technik zur Übertragung nutzt, frage ich mich (oder besser ihn), warum er diese nicht auch als Rückkanal beim Abendmahl benutzt. So könnte Kommunikation der Internet-User untereinander und mit der vor Ort versammelten Gemeinde entstehen, solche Kommunikation könnte dann auch Gemeinschaft bewirken — und wäre Voraussetzung für eine gemeinsame Feier des Herrenmahls. Wie man online zusammen Gottesdienst feiern kann, dazu gibt es verschiedene — auch erfolgreiche — Beispiele (vgl. Abschnitt 2.1), die ich in einer Übersicht zusammengestellt habe, ohne damit Vollständigkeit zu beanspruchen.

Wenn ich den Bericht bei `evangelisch.de` richtig lese, soll die Webinar-Technik — das Hinzuschalten der Internet-User per Beamer in die Gemeinde vor Ort — beim Bibliolog zum Einsatz kommen, der die Predigt ersetzt, während das Abendmahl gestreamt wird. Das Verhältnis von Online-Gemeinde und versammelter Gemeinde ist schwierig — dies hat für mich nicht zuletzt der erste Facebook-Gottesdienst der katholischen Fernseharbeit (vgl. Abschnitt 2.3) gezeigt.

Ich kenne die Liturgie nicht und will auch nicht vorschnell urteilen, aber sie scheint sehr gepackt und intensiv zu sein. Neben einer modernen Form („Band statt Orgel") gibt es einen Bibliolog als Predigtersatz, eine Webinar-Integration in den Bibliolog mit Beamer und last not least ein ins Internet gestreamtes Abendmahl. Ein Online-Abendmahl ist ein Novum in der evangelischen Kirche (sieht man von kruden Gemeinschaften am

2.4 Abendmahl online? Wollen wir das?

kirchlichen Rand ab) — sollte es nicht besser eingeführt werden, anstatt ein Add-on in einem alternativen Gottesdienst zu sein?

Zur theologischen Begründung, dass Online-Gemeinden möglich sind, wird Artikel VII der Augsburger Konfession herangezogen, so wie es auch der Artikel von `evangelisch.de` tut, denn die Kirche ist die um Wort und Sakrament versammelte Gemeinschaft. Predigt: das geht online auf jeden Fall; Sakramentsverwaltung: das ist schwierig:

> „Die Kirche ist laut der Confessio Augustana, dem zentralen Glaubensbekenntnis der Reformation, ‚die Versammlung aller Gläubigen, bei denen das Evangelium rein gepredigt und die heiligen Sakramente dem Evangelium gemäß gereicht werden.' Klappt das auch, wenn die Menschen durch Bildschirme voneinander getrennt, also nicht physisch versammelt sind? Für die Predigt ist die Antwort einfach: Reden und Zuhören funktionieren auch durch Kabel und Funkwellen hindurch. Aber wie steht's mit dem Abendmahl?"

Interessant ist jedoch, dass im Zusammenhang von Predigt und Sakramentsverwaltung als notæ ecclesiæ in CA VII auch die Übereinstimmung im Predigt- und Sakramentsverständnis genannt wird:

> „Est autem Ecclesia congregatio Sanctorum in qua Evangelium recte docetur, et recte administrantur Sacramenta. Et ad veram unitatem Ecclesiæ satis est consentire de doctrina Evangelii et administratione Sacramentorum."

Ein Konsensus über das Sakramentsverständnis — „consentire de doctrina Evangelii et administratione Sacramentorum" — ist zur Einheit der Kirche notwendig. Einen Konsens gibt es jedoch nur nach einer Diskussion. Gerade weil das Abendmahl so wichtig ist, ist zunächst die Diskussion wichtig.

Wenn wir theologisch über ein Online-Abendmahl diskutieren, wird vermutlich auch unsere konfessionelle Identität sich zeigen. Ist es Zufall, dass beim geplanten Abendmahl von einem symbolischen Entgegennehmen der Elemente gesprochen wird? Ist die reformierte Tradition näher an einem Online-Abendmahl als die lutherische — während eine Online-Eucharistie katholischerseits *a priori* ausgeschlossen ist.

Ich habe es lange Zeit erlebt, dass Online-Aktivitäten oft beargwohnt wurden, dass *online* nur virtuell, aber nicht real bzw. echt meint. Erstmalig benutzte das Impulspapier *Kirche der Freiheit* als ein von der EKD herausgegebenes Dokument den Begriff *Mediengemeinden* [60] — zuvor wurde nur von Online-*Gemeinschaft* oder *Community* gesprochen. Ein Experiment kann daher auch dazu führen, dass kirchenleitend etwas verboten wird, weil noch kein Konsens besteht. Ist erstmal ein Verbot da, dauert es lange, dies wieder rückgängig zu machen.

Ist es daher jetzt an der Zeit, einfach ein Online-Abendmahl zu feiern — oder brauchen wir noch Zeit, einen Konsens zu finden?

Kommentare

Ein paar Gedanken, nachdem ich den ganzen Tag schon über den Beitrag nachgedacht habe:

1. Die theologischen Fragen sind schon wichtig. Wann ist das Abendmahl „vollgültig", wann ist es „richtig" gefeiert? Darüber muss immer neu nachgedacht werden, weil Leben und Menschen sich verändern. Theologie ist Reflexion des Glaubens auf der Grundlage der biblischen Überlieferung und wird daher niemals fertig. Theologie kann Grenzen versuchen zu markieren, innerhalb dessen sich Kirche bewegen kann, dies ist aber immer eine unendliche Aufgabe. Die Digitalisierung des Lebens ist eine Herausforderung für theologisches Denken, und zwar sowohl im Blick auf die notwendigen neuen Grenzziehungen als auch im Blick auf die Formulierung der christlichen Wahrheit in der Sprache der Gegenwart, die Menschen verstehen. Damit ist nicht gemeint, dass jeder theologische Text für jeden Laien verständlich sein muss und kann. Aber es kann auch nicht beim einfachen Nachsprechen der „alten" Tradition bleiben, sondern wenn ich mich darauf beziehe, muss ich den Gegenwartsbezug deutlich machen.

2. Was ist zuerst, reflektierte Theologie oder zu reflektierende Praxis? Ich glaube, die Frage führt nicht weiter. Letztlich muss jede/r Pfarrer/Prädikant/Theologe oder -innen entscheiden, was er oder sie meint, verantworten zu können, und ob er oder sie erst den Weg durch die Institutionen geht oder das Risiko auf sich nimmt, zunächst „allein" zu handeln und damit etwas anzustoßen. Friedrich entscheidet sich offenbar für den letzteren Weg, so wie auch vor Jahren die ersten Segnungen homosexueller Paare ohne vorherige Zustimmung der Kirchenleitung durchgeführt wurden. Wenn ich mich recht entsinne, wurden die Segnungen für ungültig erklärt, aber ein intensiver Prozess in der rheinischen Kirche dadurch angestoßen. In anderen Fällen wurden solche Prozesse anders herum geführt.

3. Somit ist die Diskussion um das virtuelle Abendmahl eröffnet, wenn es heute Abend zu dem Gottesdienst so wie angekündigt kommt. Meine Frage geht dahin, ob und unter welchen Umständen ich ein virtuelles Abendmahl als „vollgültiges" Abendmahl ansehen kann. Eine Wirkung kann es auch entfalten, wenn die theologische Reflexion zu der Auffassung kommt, hier sei eine Grenze überschritten worden, der Geist nicht mehr da wo er will. Was uns nicht von der Aufgabe entbindet, ihm hinterherzusinnen.

Nehmt hin und esst, das ist mein Leib und mein Blut, tut dies zu meinem Gedächtnis. Für mich stellt sich vor allem im ersten Satzteil die Frage, ob ein Abendmahl denkbar ist, ohne dass ich das Abendmahl empfangen kann, ohne dass es mir ein/e andere/r gibt. Die anderen beiden Aspekte scheinen

für mich einfacher zu sein. Erinnern geht auch gemeinsam ohne gleichzeitig am gleichen Ort zu sein, die Frage der „Wandlung" scheint zumindest aus meinem evangelischen Verständnis heraus auch ohne räumliche Gegenwart denkbar zu sein. Aber kann ich alleine vor dem PC sitzen, mit Brot und Wein (oder Saft) und es am Ende nehmen, aber nicht empfangen? Ich denke, dass sich hier im Abendmahl die grundlegende Bedürftigkeit des Menschen spiegelt, daher würde ich momentan sagen: nein, das ist kein theologisch vollgültiges Abendmahl. Aber noch mal, diese Form kann dennoch wirken, ja auch Glauben hervorrufen, warum nicht? (Der Geist, weht wo er will.) Denkbar wäre aber für mich, dass mehrere Menschen an den verschiedenen Orten zusammen kommen und sich im Rahmen des Abendmahlsspiels dann „vor Ort" gegenseitig Brot und Wein reichen.

4. Und noch ein letzter Gedanke. Ist eine virtuelle Gemeinschaft „real", wenn die Teilnehmenden sich an verschiedenen Orten aufhalten und „nur" über Chat usw. kommunizieren? Das Verbundenheitsgefühl sagt da vermutlich bei vielen Zeitgenoss/inn/en, die sich mit dem digitalen Medien tagtäglich befassen: Ja". Aber „fehlt" dann nicht etwas, das sinnliche Sich-in-einem-Raumgemeinsam-Aufhalten? Ja, das fehlt. Allerdings frage ich mich, ob wir da nicht einem Vollkommenheitswahn aufsitzen. Die sinnliche Wahrnehmung unterscheidet da ganz sicher auch, aber: Wer sagt eigentlich, dass alle Sinne immer beteiligt sein müssen? Anders gefragt: was ist, wenn nicht alle Sinne beteiligt sein können? Ein Gehörloser kann nicht hören, ein Blinder nicht sehen, ein Mensch mit Magensonde kann Brot und Wein nicht empfangen (ich erspare es mir, es mir dennoch auszumalen), ein/e Rollstuhlfahrer/in vielleicht nicht zum Gottesdienstraum kommen, ein älterer Mensch schafft diesen Weg auch nicht mehr (unter anderem für diese Menschen sind TV-Gottesdienste nicht da und ich höre das immer wieder, dass gerade ältere Menschen jeden Sonntagvormittag da vor dem Fernseher sitzen). Wenn wir hier zugestehen, dass die Vollgültigkeit eines Gottesdienstes — oder ich sage mal besser: die Vollwirksamkeit eines Gottesdienstes nicht an das Vorhandensein aller Sinne und aller sinnlichen Wahrnehmung gebunden ist, dann müssen wir dies auch im Blick auf das virtuelle Abendmahl mitbedenken.

Ich erinnere mich daran, vor Jahren habe ich von einer Begebenheit gehört, die mich nachhaltig beeindruckt hat. Ich weiß nicht, ob ich sie exakt — noch im Kopf habe. In einem südamerikanischen Foltergefängnis haben Menschen miteinander Abendmahl gefeiert: ohne Brot, ohne Wein. Sie hatten weder Brot noch Wein. Aber der Wunsch gemeinsam zu feiern war so stark, dass sie so getan haben „als ob": Sie haben so getan, als ob sie Brot und Wein einander reichen.

2.4 Abendmahl online? Wollen wir das?

Vollgültig im Sinne der theologischen Definition? Vollwirksam auf jeden Fall, und vielleicht war es ja so, dass die fehlenden Elemente das Erleben noch intensiver gemacht haben. Und das wäre dann auch meine abschließende Frage, ob ein virtuelles Abendmahl durch die bewusste Konzentration auf das, was eben nicht da ist oder nicht geht (in einem „realen" Raum versammelt zu sein) anders und vielleicht intensiver „wirkt" als das sonntägliche Zusammensein im Kirchraum. Gar nicht mal als „Ersatz" für den normalen Sonntagsgottesdienst, aber als Ergänzung, Anregung, Bewusstmachen, ja auch als Provokation (im Sinne von *pro vocare*)? Ich bin gespannt auf Berichte und Reaktionen von der gottesdienstlichen Feier heute Abend.

* * *

Für mich ganz klar: Eine Selbstnahme der Elemente schließt sich für mich aus. Und: Für mich gehört zum Abendmahl die spürbare erlebbare Ko-Präsenz der anderen Kommunikanten. Ein Online-Abendmahl ist weder wünschenswert noch möglich. Experimente damit verbieten sich angesichts der sakramentalen Bedeutung der Eucharistie im evangelischen und ökumenischen Verständnis. Das Abendmahl ist keine Spielwiese für die Profilierung einzelner.

* * *

Ach wenn das die tatsächlichen Probleme und Fragen sind, die uns zu beschäftigen haben... Ich kann den theologischen Fragen folgen. Sie machen mich aber ratlos, ob dies die Dinge sind, mit denen sich Berufstheologen zu beschäftigen haben? Wenn das Abendmahl ein so wichtiges, sogar konstituierendes Element der Kirche ist, welches sogar klare Kriterien aufweist, die einzuhalten sind, warum nehmen statistisch so wenige Kirchenmitglieder an dieser ach so zentralen Feier teil? Findet in der Art und Weise, wie Gemeinden Abendmahl feiern, wirklich Gemeinschaft statt? Oder stehen da nicht vielmehr recht unterschiedliche Kreaturen im Kreis mit ihrem deutlich verschiedenen Verständnis, was sie da gerade feiern und in welcher Haltung sie es tun. Sie stehen im Kreis und weil es sein muss, geben sie sich am Ende auch die Hände. Das ist in den meisten Fällen mindestens genauso belanglos und unverbindlich wie eine virtuelle Mediengemeinschaft. Was vor Ort nicht „gut läuft", muss das nun auch digital probiert werden? Kann man machen. Muss man aber nicht.

Wenn das Abendmahl oder anderes der Kirche und Gemeinde so wichtig und bedeutsam ist, dann lautet für mich die viel entscheidendere Frage: *Wie* schafft es Kirche, ein in solch hohes Gut den kirchlich Entfremdeten (und dazu gehören nun mal die meisten Kirchenmitglieder dazu) nahe zu bringen? *Wie* erfahren Menschen von der heilsamen Liturgie, von den stärkenden Ritualen und den Botschaften Christi? Das gelingt nur, wenn es in heutige Denk- und Erlebensmuster eingebettet ist. Da gehört das Digitale durchaus dazu. Aber davor sollten doch ein paar Überlegungen stehen, die das Thema Abendmahl heutigen Zeitgenossen plausibilisiert. Also: statt die CA wieder und wieder zu lesen (die sollte doch bei den Berufstheologen ausreichend studiert und verinnerlicht sein) sollten wir mehr in die medialen Kommunikationen uns fernerer Milieus lesen lernen. Denn auch da gibt es abendmahlsähnliche Vergesellschaftungen. Hier ist Alphabetisierung innerhalb der Predigerinnen und Prediger, Liturginnen und Liturgen dringend nötig. Denn hier sind dramatische Kommunikationsstörungen und die kann man nicht abschalten, indem man „Gestörtes" online zelebriert.

* * *

Mal ganz praktisch: Wie viele Menschen nehmen über Fernsehgottesdienste regelmäßig ein Angebot der Kirchen wahr? Wie viele Menschen davon werden regelmäßig durch die Gemeinde besucht und erhalten das Abendmahl gereicht? Eine absolute Minderheit! Durch diese Form der Feier könnten Menschen auch schon im Vollzug von Konsumenten zu Mitfeiernden werden. Man sitzt anders, man ist anders angezogen, man spricht die Gebete mit, frühstückt nicht mal eben nebenbei, man ist auch mit Ernst am Abendmahl beteiligt.

Ein Schlüssel für mich ist 1.Kor 13,13: Die Liebe als Kriterium, ob diese Form der Gemeinschaft machbar ist oder nicht. Die Diskussion über das richtige Glaubensverständnis ist richtig und wichtig: Glaube, Hoffnung und Liebe. Damit sind auch die Einwände sorgfältig zu bedenken. Wichtiger als der Glaube ist aber die Liebe. Das steht ja da! Bei dieser Diskussion sollten wir auch die evangelische Freiheit bewahren. Es stimmt nicht, dass Gemeinschaft erst dann möglich ist, wenn die theologischen Fragen geklärt sind. Hat Jesus vor dem letzten (eigentlich ersten) Abendmahl ein theologisches Kolleg abgehalten, um mit seinen Jüngerinnen und Jüngern vorher zu klären, dass sie dies auch richtig feiern? Judas hat den Bissen eingetaucht, Petrus, und all die anderen, die hinterher einschliefen, den Herrn verrieten — ob ihnen so richtig klar war, was die theologische Reflektion der kommenden 2000 Jahre so alles bedenken würde? Wohl kaum!

Mit einer solchen Diskussion würden die Gläubigen noch heute diskutieren, hätte es weder das Abendmahl noch die Kreuzigung danach gegeben.

Es gibt viele Menschen, die nur noch über den Bildschirm an einem Gottesdienst teilnehmen können.

Ein Gedankenexperiment: Was wäre, wenn anschließend ein einsamer Mensch mit einem Schluck Wein, einem Stück Brot einsam in seiner Wohnung gefunden würde?

Die kirchliche Aufgabe und das Versagen würden mehr als deutlich. Und gleichzeitig die geistliche Beruhigung: Einer verlässt uns nie.

Ich schwanke ein wenig angesichts dieses Gedankenexperiments. Aber ich tendiere immer noch zu meinem ersten Impuls: Warum eigentlich nicht? Mit Gottes Segen.

* * *

Ich habe an Chat-Gottesdiensten teilgenommen und sie als sehr befremdlich empfunden. Um so mehr stehe ich der vorgestellten Form von Online-Sakramenten kritisch gegenüber. Beim Herrenmahl handelt es sich *nicht nur* um Essen und Trinken, sondern um die liturgisch-zeichenhafte Vergegenwärtigung des Heilsgeschehens, das vom Pessach Israels über das Letzte Abendmahl Jesu und seinen Tod auf Golgatha bis hin zum himmlischen Hochzeitsmahl reicht.

Ein zu tiefst mystisches Geschehen, das verstandesmäßig nicht zu erfassen ist. Deshalb braucht dieses Sakrament einen Schutz vor Trivialisierung.

Die Kirche hat gut daran getan, dazu durch die Geschichte hindurch liturgische Formen und Räume (Kirchengebäude) zu schaffen, die eine in erlebter Gemeinschaft mit Essen und Trinken ganzheitliche, aber vom pro-fanen Alltag getrennte Feier des Herrenmahles ermöglichen. Gerade die archaische Form (Kelch statt Wasserglas, Kerzen statt Glühbirnen) hebt den Wert des Sakramentes hervor. Dieses geht am Bildschirm verloren.

2 Gottesdienste, Sakramente und Gemeinde im Netz

Ich bezweifle nicht, dass es auch im Internet wahre Gemeinschaft gibt. Mit manchen bin ich so sogar tiefer verbunden, als es in realer Begegnung möglich wäre (z. B. mit Autisten und Sozialphobikern). Trotzdem halte ich dafür, dass Kirche in Liturgie, Communio und Diakonie einen deutlich sichtbaren Kontrast zur immer weiter um sich greifenden Vereinzelung in der Internetgesellschaft setzt. Ein Internet-Abendmahl dient dem sicher nicht.

* * *

Theologisch kann ich das für die evangelische Kirche nicht sagen, katholischerseits ist es — soweit ich das verstehe — klar mit der Eucharistie, aber es gibt da auch den Urbi-et-orbi-Segen, der einlädt weiterzudenken. Ich denke mir, dass — egal welche Konfession — für mich der sinnvolle nächste Schritt wäre, mehr Erfahrung zu sammeln, wie es klappt mit der Interaktion und dem Austausch untereinander übers Web. Was tut das mit den Menschen, die online dabei sind? Was tut es mit den Menschen vor Ort? Da gibt es ja erste Erfahrungen, aber da sehe ich es noch ganz, ganz viel Bedarf, viele Varianten auszuprobieren und zu lernen. Es wird sich wohl auch immer nicht für jede/n Gottesdienstteilnehmerin gleich anfühlen mit der Online-Beteiligung. Daraus lässt sich meiner Meinung nach etwas weiterentwickeln und dann auch theologisch weiterdenken. In solch einer Abfolge hat es für mich dann auch keinen Beigeschmack von Spektakel um des Spektakele willens mehr.

* * *

Ein interessanter Hinweis von Gerlinde Feine zu Hagioskopen und der Teilnahme am Abendmahl in der FB-Gruppe *Kirche und Social Media* www.facebook.com/groups/110032705759320/: „Vom AM-Verständnis her gibt es allerdings ein paar kirchengeschichtliche Beispiele gültiger Feier trotz fehlender leiblicher Gemeinschaft. Wichtig war, den Altar im Moment der Wandlung / Einsetzung des AM zu sehen, durch ein eigens in die Wand eingelassenes Fenster bzw. einen Schlitz. So konnten auch Menschen mit ansteckenden Krankheiten draußen mitkommunizieren, weil sie ja gesehen hatten, was drinnen passierte bzw. weil durch diese Verbindung auch ihre Hostie draußen zum Leib Christi geworden war. Später fanden Hagioskope beim Adel Verwendung; die Privaträume mussten zur Teilnahme an der Eucharistie nicht verlassen werden, weil Sichtkontakt zum Altar der Schlosskapelle bestand. Hagioskope gibt es übrigens auch in evangelischen Gebieten. Man könnte nun argumentieren, dass das Internet auch nichts anderes ist als so ein ‚Guckloch'"

Mehr zu Hagioskopen: de.wikipedia.org/wiki/Hagioskop

* * *

N.N. schrieb: „Durch diese Form der Feier könnten Menschen auch schon im Vollzug von Konsumenten zu Mitfeiernden werden. Man sitzt anders, man ist anders angezogen, man spricht die Gebete mit, frühstückt nicht mal eben nebenbei, man ist auch mit Ernst am Abendmahl beteiligt." Genau dass bezweifle ich. Die Wahrscheinlichkeit ist groß, dass hier die hochheiliger AM via aufgeklapptem Notebook zwischen Toast und Nutella am Frühstückstisch landet, bei Beteiligten in Pyjama, die zwischendurch eben noch bei Facebook chatten. Oder die mit dem Tabletcomputer in der U-Bahn sitzen.

Ich plädiere dagegen für eine moderne Form der Arkandisziplin. Also dafür, Sakramente wie das Heilige Abendmahl nur in einer besonderen, räumlich und zeitlich vor Trivialität geschützten Atmosphäre zu feiern. Das beinhaltet auch die innere Vorbereitung des Liturgen und der Gemeinde.

Die Mahnungen des Apostels Paulus in 1. Kor. 11, 17-34 gewinnen hier eine ganz besondere Aktualität.

* * *

Hallo N.N.,

ganz klar!? Abendmahl Online weder wünschenswert noch möglich? Experimente verboten bei Sakramenten? Einzig vorstellbares Motiv = individuelle Profilierung? Und wenn es doch anders wäre als die doch sehr einengend und streng statisch anmutenden Verwerfungen?

Selbsteinnahme = No! Ok!

- Aber wenn da 2 oder 3 (oder gar 10) zusammenkommen in den Häusern in seinem Namen zur remote-Teilnahme am online-übertragenen Abendmahlsgottesdienst und miteinander die Elemente teilen und wechselseitig spenden? Dann immer noch ganz klar No?

- Und wenn es dann kein „richtig ordentlich" verwaltetes *Abendmahl* nach Lebensordnung wäre, was ist es dann? Wäre das nicht immer noch viel mehr als *nix*? Wenn alle gesundheitlich oder anders am Kirchenbesuch gehinderten vom Ortspfarrer Haus- oder Krankenabendmahl zuhause / im Krankenhaus oder anderswo außerhalb einfordern würden, wieviel kämen da wohl wirklich zum „Erfolg" bzw. nach welcher Rangfolge? Wird sicher nicht optimaler durch weiteren Pfarrstellenabbau.

- Die Würde des einzigen protestantischen Sakraments für Mitglieder/Getaufte verbietet hemmungsloses, leichtfertiges, theologisch unbegründbares Experimentieren. Ok! Aber denn noch hat sich die Art und Weise des Ritus der Mahlfeier in den letzten mindestens 2000 Jahren des öfteren und gravierend verändert! Wie soll das sein ohne „Experimente" und Kritik am Gegebenen? Wie wäre das vorstellbar ganz ohne subjektive Interessen und bisweilen vielleicht auch Eitelkeiten?

- Ich bin Ralf Friedrich über Jahre öfters auf evangelisch.de begegnet und würde aus diesen Erfahrungen ihm *nicht* unterstellen, dass Profilierungsbedürfnis oder Profilneurosen seine Hauptmotive wären, sicher nicht mehr als bei so manchem „kirchenleitenden" Volltheologen, wenn es anscheinend „ums Prinzip", um theologischer Fundamentales geht. Eine gewisse Unbekümmertheit um Traditionen und theologisch Betoniertes, das vielleicht. Vielleicht nicht der elegantesten Ansatz, aber Prädikant sein allein ins „Feuer" zu wagen ohne ausgiebige theologische Reflektion und Beratung mit Ranghöheren im landeskirchlichen Hexenkessel.

Ich würde ja allzu gern glauben, dass Abendmahl nur bei real Zusammenkommen ginge, nur die bisher genannten Argumente dafür sind mir doch arg unbefriedigend und überzeugen so nicht nicht. Es sollte besseres geben. Und umgekehrt bitte auch bei denen, die eine ganze vielleicht doch nicht von vornherein auszuschließende. Ohne etwas mehr ausgeführte theologische Begründung der Hinweis auf fiktive mögliche seelsorgerische Not richtet *imho* nicht alles und erlaubt nicht alles.

2.5 „Das ist mein Leib" — und dann war der Ton weg

Im Vorfeld wurde über das angekündigte Internet-Abendmahl viel diskutiert (vgl. 2.4), daher wollte ich online erleben, wie es umgesetzt würde. Kurz vor acht Uhr meldete ich mich an. Die Webinar-Plattform bot ein Facebook-Login an, das ich zunächst nutzen wollte.

Da diese Plattform aber das Recht haben wollte, für mich auf Facebook zu posten, lehne ich ab und kann mich nicht anmelden. Der Dialog ist übrigens komplett auf Englisch. Also nun doch die normale Anmeldung mit Email-Bestätigung.

Ich erhalte per Mail die Anmelde-Bestätigung. Offensichtlich habe ich damit bereits auch einem Newsletter-Abo zugestimmt, denn ich werde sofort eingeladen, mit irgendeinem *Affiliate*-Programm Geld zu verdienen:

> ```
> Please contact us if you have any further questions.
> We wish you much success, Your team edudip
> 
> Recommend edudip and you can easily earn money.
> Learn more: http://www.edudip.com/affiliate
> P.S.: You can cancel your subscription to this email
> notification here: http://www.edudip.com/usersettingsnotification
> ```

Endlich bin ich drin — und sehe zunächst eine Dame unter der Dusche, dann schminkt sie sich und legt sich ins Bett. Oben in der Ecke des Bildschirms erkenne ich den Namen des Liturgen: Ralf Friedrich. Sein Bild ist sehr dunkel, so dass ich nur Umrisse erkenne.

Endlich ist das YouTube-Werbe-Video — das dies keine Werbung war, erfahre ich erst später als Reaktion auf diesen Blogpost — abgelaufen und ich komme in den Gottesdienst rein. Die Begrüßung habe ich nun verpasst. Sei es drum. Es folgt ein Gebet, dass nun groß als Text in der Bildschirmmitte angezeigt wird.

Mit mir sind noch fünf bis sechs Personen online. Endlich finde ich die Chat-Funktion. Aber es gibt nur einen Gruppenchat, man kann keine einzelne Person anpingen bzw. anflüstern. Aber der Chat bleibt seltsam ruhig.

Es folgt Gemeindegesang. Das Mikro überträgt die Stimme des Liturgen, von der Gemeinde hört man fast nichts. Wenn ich selbst Gottesdienst halte, singe ich nicht mit bzw. schalte das Mikro ab, aber hier kommt die Stimme des Liturgen kräftig aus dem Lautsprecher, doch nicht jeder Liturg ist auch ein begnadeter Sänger.

Zwischendurch bricht der Ton ab, das Bild ruckelt. Dies kommentiert dann eine Teilnehmerin:

```
Beverly HOLLYWOOD: Leider ist die Bild- und Tonqualität
                   nicht gut :(

Ralf Friedrich: und für das nächste Mal werden wir eine
                bessere Bandbreite hinbekommen
```

Merkwürdig nur, dass ich den Liturgen im Gottesdienst vor dem Altar sehe, also muss jemand anders unter seinem Namen tippen. Was sagt das für die Authentizität des Predigers aus?

Zwischendurch wird auf Vollbild geschaltet, man sieht den Prediger, neben dem Namen des Predigers wird nun als Avatarbild ein Firmenlogo der Webinar-Software eingeblendet.

Leider ist das Bild nur dunkel und wie gesagt, es ruckelt und der Ton hat Aussetzer. Die Predigt ist eine Dialog-Predigt bzw. ein Dialog, aber leider hört man nur Wortfetzen, wenn jemand aus der Gemeinde etwas sagt, ab und zu Erklärungen für die Internetgemeinde. Die aber ist merkwürdig schweigsam, es gibt nur ganz wenig Reaktion auf die Dialogpredigt.

Es folgen meditative Phasen, dann das Abendmahl, die Gemeinde kommt dazu nach vorne.

Als die Gemeinde das Abendmahl empfangen hat, geht der Liturg vor die Kamera und hält eine Oblate hin und spricht: „Und für die Gemeinde im Internet: ‚Das ist mein Leib.'" Dann war der Ton weg und das Bild hat einen Aussetzer.

Ich kann mir sehr gut vorstellen, dass dieser Gottesdienst für die Gemeinde vor Ort eine gute Gottesdienstfeier war, für die Online-Teilnehmer warf bereits die Technik Probleme auf, die es mir schwer machten, mich auf den Gottesdienst als solchen überhaupt einzulassen. Die dunklen Lichtverhältnisse in der Kirche mögen Intimität erlauben, auf dem Bildschirm sah der Gottesdienstraum einfach nur düster aus.

In der Liturgie, im Ablauf und in der Konzeption habe ich mich als Online-Teilnehmer als Fremdkörper gefühlt, der eigentliche Gottesdienst lief vor Ort ab, das Internet wirkte drangeflanscht. Die Interaktionsmöglichkeiten des Internet — die Kanalreduktion ließe sich auch als Chance begreifen — wurden nicht liturgisch genutzt, technische Probleme kamen hinzu.

Auf evangelisch.de [43] hat Ralf Friedrich diesen Gottesdienst als Experiment angekündigt: „Ob das funktioniert oder nicht, werden wir am Freitagabend nach dem Gottesdienst wissen."
Mich würde sein Fazit interessieren, in meinen Augen ist das Experiment misslungen. Aber hätte man wirklich mit dem Abendmahl experimentieren müssen? Hätte man nicht zuerst eine kongruente Form eines Online-Gottesdienstes entwickeln können, für die es ja bereits Anknüpfungspunkte und Vorlagen gibt.

Schade.

Wenn es jemand interessiert: Ich war nur Zuschauer und hatte kein Brot und keinen Wein neben meinen Bildschirm gestellt. Eine Besucherin des Gottesdienst erzählte mir später, dass auch die Gemeinde vor Ort auf der Leinwand das Video sah, es sollte thematisch in den Gottesdienst einführen. Da ich dieses YouTube-Video ohne Erklärung sah, konnte ich den inhaltlichen Bezug zum Predigttext/Bibliolog nicht herstellen und habe es als ein Werbevideo wahrgenommen.

Kommentare

Was mich jetzt — neben dem unerklärten Video — am ehesten stört, ist, dass scheinbar quasi zwei Abendmahle gefeiert werden sollten. Wenn, dann müssten doch die Einsetzungsworte lokal und auf die Ferne gleichzeitig gemünzt sein, sonst ist das Gefühl, Fremdkörper zu sein wohl schon vorprogrammiert. Entweder man hat *eine* Gemeinde, die feiert, oder gar keine, aber keine zwei! Überhaupt sind das nochmal zwei verschiedene Kategorien: Gottesdienste mit Online-Beteiligung und Gottesdienste, die nur online stattfinden. Ich vermute, dass beide unterschiedliche Vorgehensweisen benötigen, um zu funktionieren.

2.6 Chatandacht „Gott kennt alle unsere Namen"

Abb. 2.2. Einblendung der Namen Verstorbener während der Chatandacht

Zum Ewigkeitssonntag 2012 lud `trauernetz.de` zum vierten Mal zu einer Chatandacht ein. Totengedenken im Internet scheint medial als Thema gut zu laufen, dies zeigen auch Agenturberichte [13]. In der Woche vor Ewigkeitssonntag bestand die Möglichkeit, Namen und Geburts- und Sterbedatum von Verstorbenen in ein Trauerbuch einzutragen. Diese Eintragsfunktion bestand bis zum Mittag des Ewigkeitssonntages. Knapp 400 Namen wurden eingetragen.

Auch nach Eintragsschluss kamen per Mail und Facebook Bitten, noch Namen hinzuzufügen:

> „Seien Sie, sehr geehrte Frau Pastorin, sehr herzlich bedankt für die prompte Antwort auf meine Bitte, den Namen meines kurz verstorbenen, so schmerzlich vermissten Mannes in Ihrer Andacht einzublenden. Ich werde versuchen, mit meinen bescheidenen Chatkenntnissen der Andacht beizuwohnen. Alle guten Wünsche für Sie und Ihre segensreiche Arbeit."

Der Sprachduktus der Rückmeldungen lässt vermuten, dass auch *Silver Surfer* dieses Online-Angebot wahrnehmen, auch kirchliche Internetangebote richten sich nicht mehr per se an eine jüngere Zielgruppe.

Aufschlussreich ist bei einer Analyse der Eintragungen, wie lange der Trauerfall zurückliegt. Bei weniger als einem Viertel der Eintragungen

2.6 Chatandacht „Gott kennt alle unsere Namen" 37

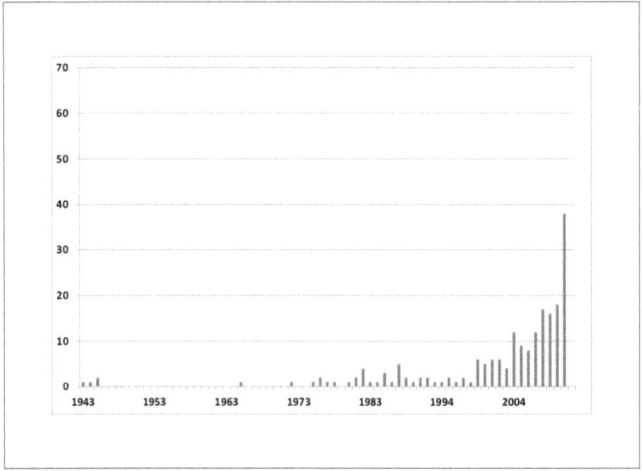

Abb. 2.3. Zurückliegen des Trauerfalls in Jahren

ereignete sich der Trauerfall im vergangenen Jahr, bei rund der Hälfte der Eintragungen liegt der Trauerfall zwei bis acht Jahre zurück. Natürlich lässt sich hinterfragen, wie repräsentativ und valide diese aus einem Onlineformular gewonnenen Daten sind, allerdings weisen sie auf einen Trend hin, nämlich dass Menschen ihrer Freunde oder Verwandten auch namentlich gedenken wollen, auch wenn der Todesfall schon etwas zurück liegt. Während in Kirchengemeinden nur an die in diesem Kirchenjahr verstorbenen Gemeindeglieder mit Namen erinnert wird, kann im Internet dieser Rahmen des Gedenkens problemlos geweitet werden. Eine Online-Andacht ist daher keine Konkurrenz, sondern Komplement des Gemeindegottesdienstes am Ewigkeitssonntag.

Bei der Altersverteilung der Todesfälle gibt es eine Konzentration auf Kinder, die bei der Geburt bzw. im ersten Lebensjahr verstorbenen sind, sonst sind die Generationen von 60 bis 90 zahlenmäßig am stärksten vertreten, hier lässt sich nur mutmaßen, ob erwachsene Kinder um ihre Eltern trauern oder *Silver Surfer* um ihre Ehepartner(innen).

Vielleicht — auch das ist nur eine Vermutung — fällt es in der Niederschwelligkeit des Internets es einfacher, um verstorbene Säuglinge oder Kleinkinder zu trauern als den Gottesdienst in der Gemeinde zu besuchen.

An dieser Stelle der deutliche Hinweis: Vor dieser Auswertung wurden sämtliche Daten außer dem Geburts- und Sterbedatum aus der Daten-

38 2 Gottesdienste, Sakramente und Gemeinde im Netz

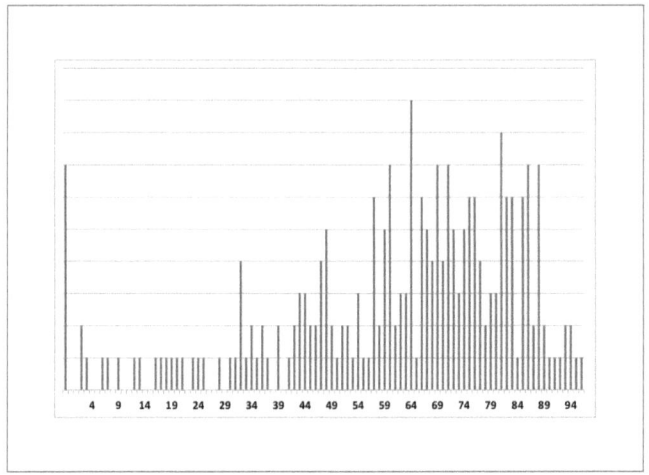

Abb. 2.4. Alter der Verstorbenen

bank entfernt, anschließend die komplette Datenbank gelöscht, denn Datenschutz ist gerade in diesem Bereich wichtig.

In den Vorjahren stand die Chattechnik von evangelisch.de zur Verfügung, diesmal fand die Andacht auf chatseelsorge.de statt.

Der Chatserver hielt der Zahl der Anfragenden (ca. 130 Teilnehmende) zwar statt, es gab aber Abstimmungsprobleme hinsichtlich der Technik, so dass nur eine Moderatorin während des Chats zur Verfügung stand, dies führte in weiten Teilen zu einer schwierigen Doppelfunktion als Liturgin und Moderatorin für die Pastorin.

Nach einer Eingangsliturgie lief eine Flash-Applikation ab, in der die Namen und das Geburts- und Todesdatum bzw. -jahr der Verstorbenen eingetragen werden konnte. Zum Ende dann Vaterunser und Segen.

Während die Namen über den Bildschirm liefen, konnten Chatteilnehmerinnen und -teilnehmer die Stille einhalten oder Gebetsrufe äußern.

Einige (Stamm-)User der Chatseelsorge erwarteten allerdings während des Chats Gesprächsangebote bzw. nach dem Chat ein Seelsorge-Angebot, so dass sie nur schlecht mit der Stille umgehen konnten.

Bei einer Wiederholung müssen für das Aufsetzen der Technik im Vorfeld mehr Ressourcen eingesetzt werden, findet der Chat auf einer etablierten Chatplattform statt, müssen die User dieser Plattform an die Form der

2.6 Chatandacht „Gott kennt alle unsere Namen"

Andacht im Voraus herangeführt werden. Alternativ ließe sich auf auf `trauernetz.de` ein eigener Chat aufsetzen für die Andacht, dies stellt jedoch auch einen Kostenfaktor dar.

2.7 Verkündigung im Netz

Im Radio gibt es die Morgenandacht, im Fernsehen das Wort zum Sonntag. Im Gemeindebrief gibt es das geistliche Wort. Wie kann Verkündigung im Netz aussehen? Wie müssten Webandachten gestaltet sein? Das Internet als Medium zur Verkündigung zu nutzen, ist ein altes Anliegen, ich habe es noch erlebt, dass der Text der Radioandacht per Fax in die Online-Redaktion kam, dort abgetippt wurde, in HTML konvertiert und per FTP auf die Homepage der Landeskirche eingestellt wurde. Diese Zeiten sind zum Glück vorbei, aber was medienadäquate Verkündigungsformate im Web sind, muss sich noch entwickeln.

Rückblick Webandacht

Versuche, medienadäquate Verkündigungsformate fürs Web zu entwickeln, reichen noch ins letzte Jahrtausend (das klingt nun bombastisch) zurück. Leider verweist die Seite `webandacht.de` zurzeit nur noch auf Andachtsunterseiten auf `ekd.de`, allerdings sind in `archive.org` noch einige alte Webandachten abrufbar [4].

Multimedialität und Interaktion finden sich in einigen dieser frühen Webandachten, die aus einer Zeit stammen, als animierte GIFs noch als Ausdruck des Fortschritts galten. Interaktion äußerte sich dadurch, dass es verschiedene Klickwege durch die Online-Andacht gab, auch finden sich bereits Umfragen in diesen Andachten. Heute im Zeitalter von Facebook-Umfragen findet niemand mehr, dass dies etwas Außergewöhnliches ist, aber vor zehn bis 15 Jahren bedeutete dies auf jeden Fall eine CGI-Programmierung. Dies ist vielleicht auch der Grund, warum sich die Idee der regelmäßigen Webandachten nicht durchsetzte. Gute, interaktive Andachten waren aufwändig in ihrer Erstellung und das Internet hatte noch Exotenstatus.

Audios

Bei Andachten lässt sich die Konvergenz von Rundfunk und Internet deutlich zeigen. Hörfunkandachten werden natürlich übers Radio verbreitet, aber es gibt sie auch als MP3 als Download, außerdem lassen sie sich als Podcast beziehen. Auf der EKiR-Facebook-Seite gibt es sie mit Foto und Teasertext angereichert.

Videos

Eigene Andachtsvideos gibt es wenige, es stellt sich dabei auch die Frage, wie Verkündigung als Video gestaltet werden kann. Soll ein Verkündigungsvideo zum Nachdenken anregen? Erbaulich sein? Einen Impuls setzen?

Geistlicher Kommentar zum Zeitgeschehen

Bruder Paulus hat es für den katholischen Bereich vorgemacht, die Saarbrücker Kirchenkreise hatten dieselbe Idee, Zeitgeschehen aus christlicher Perspektive zu kommentieren. Die kommentierten Bild-Schlagzeilen von Bruder Paulus finden sich im Archiv www.bruderpaulus.de/medien/archiv-bild-kommentare.html

Nicht Bild, sondern die lokale Tageszeitung hatten die Kolleginnen und Kollegen aus Saarbrücken im Blick. Nachts noch an der Tanke die Zeitung geholt und morgens um sechs kommentiert. Dieser tägliche Rhythmus war über Dauer nicht durchzuhalten, auch die Fokussierung auf die lokale Tageszeitung wurde aufgegeben, die Andacht ist aber immer noch im obersten Bereich der Homepage geblieben. Die Aussage dieser prominenten Platzierung: Verkündigung ist den Saar-Kirchenkreises auch im Netz wichtig.

Ein Blick auf die Andachten aus dem Saarland

Bei einer Durchsicht der Andachten auf dem Server der evangelischen Saar-Kirchenkreise stellt sich mir die Frage: Was ist Andacht? Was ist ein evangelischer Kommentar zum Zeitgeschehen? Mir kommt das Bild von Karl Barth mit Bibel in der einen und der Tageszeitung in der andern Hand in den Sinn. Andacht und Kommentierung darf man nicht gegeneinander ausspielen, aber es könnte hilfreich sein, diese Frage zu klären, um den Kommentar bzw. die Andacht zu profilieren.

Technisch könnte ich mir die Andachten oder Kommentare auch als ein eigenes Blog vorstellen, das auf der Startseite ausgespielt wird. Hier erhielte man *out of the box* direkt verschiedene Interaktionsformate. Die Verlinkung in der Blogosphäre könnte auch die Reichweite vergrößern.

Spannend fände ich es, über die optimale Länge nachzudenken. Im Andachtsarchiv finden sich durchaus verschiedene Textlängen. Im Zeitalter von Twitter und Facebook verändern sich auch Lesegewohnheiten. Je nach Format ist die optimale Textlänge unterschiedlich. Was ist die optimale Länge für eine Andacht?

Als die Andachten im Saarland starteten, waren Text und Bild gebräuchlich. Vielleicht ließen sich für die Zukunft auch Videos einbetten? Bei der Themenfindung finde ich lokal vor global wichtig. Neben der Tageszeitung können heute auch Social Media relevante Themen liefern — so ließe sich die Themenbasis verbreitern.

Kommentare

Ob ein Text in einer Zeitung steht oder auf einer Webseite, ob eine Andacht im Radio kommt oder per Podcast bezogen wird oder ob ich was im Fernsehen sehe oder auf YouTube: Alles die selbe Kommunikation *one to many*, wobei man nun *like* klicken kann und weiterempfehlen. Die Idee, Verkündigung dort anzusetzen, wo sich Fragen stellen, etwa in Foren, ist insofern etwas Neues, als dass die Kommunikation nicht beim Prediger startet, sondern der Kommunikationsansatz von ihm vorgefunden wird, und er reagiert. Dann stellt sich auch die Frage nicht mehr, wie man die Menschen erreichen kann. Man müsste einfach auf ihre Fragen antworten.

* * *

Egal ob vor hundert Jahren die Predigt von Pastor Piepenbrink von der Kanzel oder Impulse zu aktuellen Themen von Bruder Paulus im Web: Die Themenstellung und das Wort geht erst einmal vom *Geistlichen* (im weitesten Sinne) aus. Das Auditorium/die Leserschaft re-agiert, das ist das Novum.

Ich habe in jüngster Zeit mehrfach vorgeschlagen, auch den umgekehrten Weg zu beschreiten. Also zu gucken, was das Volk im Web denn so umtreibt und dann *dort* mit der Verkündigung anzusetzen. Die Fragestellungen dort waren erschreckend anders, als man es von Andachten gewöhnt ist.

3
Performanz und Rechtfertigung

3.1 Klout: Ich bin besser als Du

Dies das Fazit, als meine Tochter die Anzahl ihrer und meiner Freunde auf Facebook verglich. Wer mehr Freunde hat, ist einfach besser. Für Erwachsene reicht der Blick auf die Facebook-Friends nicht mehr, es gibt ja auch Twitter, Blogs und noch weitere Netzwerke, die man bei einer Bewertung einbeziehen muss. Wie kann man da berechnen, wer vorne liegt und besser ist? Dafür gibt es seit einiger Zeit `klout.com`. Aber will ich wirklich wissen, wie „gut" ich auf einer Skala von 1 bis 100 bin?

Wer ein neues Social Media Angebot platzieren will, muss anscheinend die Orthografie durchbrechen, daher schreibt es sich auch mit K statt mit C: Klout gibt die „Durchschlagkraft" oder den „Einfluss" wieder, den jemand in sozialen Netzwerken hat. Je größer der Klout-Wert, desto einflussreicher ist man, desto höher ist die Online-Reputation. Man mag die Methode der Bemessung der Klout kritisieren, aber es gibt nun einen standardisierten Wert für den eigenen Einfluss, den man auf andere hat, er zeigt die eigene Leistungsfähigkeit und den Wert an.

Die Werbewirtschaft ist natürlich an Menschen mit hoher Klout (oder muss man sagen hohem Klout?) interessiert. In seinem Blog weist Frank KRINGS [46] auf eine Aktion des Magazins *t3n* hin, das sich nur an Menschen mit einer Klout von 50+ richtet — also Menschen anspricht, die in ihrem Umfeld Trendsetter sind.

Schade — ich kann nicht daran teilnehmen, ich habe zurzeit nur eine Klout von 49. Daran ist wohl die Sommerpause schuld, da war ich weniger

Abb. 3.1. Klout Score

online aktiv und mein Wert ist unter die 50er Schwelle gesunken. Ich muss mehr twittern und facebooken, damit ich bei Klout höher komme, meinen Einfluss zurückgewinne.

Lässt sich der Wert eines Menschen messen? Empirisch vielleicht, aber der Theologe in mir sagt sofort: nein. Luthers Rechtfertigungslehre lässt sich kurzfassen: Ich bin so von Gott geliebt, wie ich bin. Ich muss nichts leisten, um vor Gott bestehen zu können.

Ich muss mir nicht durch Tweets und Postings eine hohe Klout erarbeiten, damit ich wer bin. Gott sieht nicht auf meine Klout, sondern nimmt mich an, so wie ich bin. Das ist das Kernstück des Glaubens.

Und das gibt Gelassenheit bei einem niedrigen Klout-Wert.

3.2 Brand Experience: unsere neue Religion?

„Hör mit dem Beten auf!" — „Performanz ist unsere Religion" — so begrüßt die Besucher ein Plakat über der Eingangstür. „Stop praying. God's too busy to worry about your Digital Marketing. Our Religion is performance." So wirbt ein Aussteller auf der *dmexco*[1], der größten europäischen Messe für digitales Marketing. Werbung bedient sich religiöser Sprache. Das ist nichts Neues. Aber es geht noch einen Schritt weiter: *brand experience* wird selbst zur Religion. Marken vermitteln Erfahrungen, die vormals der Religion vorbehalten waren.

Abb. 3.2. Stop Praying

Die religiöse Überhöhung von Marken wurde einmal mehr beim Tode von Steve Jobs deutlich, Apple ist meine Religion und Steve Jobs mein iGod. Und wenn dieser stirbt, kommt er in den iHeaven. Der Focus auf Apple

---

[1] Am 12. und 13. September 2012 auf dem Gelände der Koelnmesse, vgl. dmexco.de.

lenkt davon ab, dass *brand experience* natürlich auch für andere Marken gilt, auch wenn Apple ein Meister der Zelebration von Markenbewusstsein und Markenerfahrung ist.

Werbung und Religion zu verknüpfen, ist — theologisch gesprochen — kein Sündenfall per se. Diese Verbindung kann auch helfen, klarer zu sehen, welche Funktion Religion in unserem Alltag haben kann. (Theologen und Theologinnen diskutieren ausgehend von Dietrich Bonhoeffer, ob man das Christentum als Religion verstehen darf oder das Christentum religionslos ist — aber das ist ein anderes Thema.)

Vor diesem Hintergrund habe ich mit Interesse den Vortrag „The Truth about Marketing 3.0" von Marketing-Guru Nick Brien gehört. Die Halle ist voll bis auf den letzten Platz, ich höre Gospel-Musik und verfolge an einem Bildschirm vor der nur spaltbreit geöffneten Tür den Vortrag. Wüsste ich nicht, dass ich auf einer Werbemesse bin, ich könnte mich in einer amerikanischen Megachurch wähnen. Wahrheit und Erfahrung sind Schlagworte, die ich von Beispielen untermauert immer wieder höre. Dazu emotionale Musik, die von den eingespielten Werbetrailern stammt. Die Predigt beginnt, hier einige Zitate:

> "We live in an age of information, emotion and participation. The authenticity of brand experience is built on trust. We are in an age of transparency. Truth transcends evil, but tell the truth well. When people care, they share. Brands should have a purpose."

Dann präsentiert Nick Brien Studien, so besagt eine: „Brands will have more power than government and the media." Und man könnte ergänzen, Marken werden mehr Einfluss besitzen, als die Regierung, die Medien — und natürlich als die Kirchen und die Religion.

Damit wir nicht beim Kapitalismus pur stehen bleiben, müssen Marken auch Verantwortung für die Gesellschaft übernehmen. Wenn Marken — und damit Unternehmen — in bestimmten Bereichen an die Stelle des Staates und der Medien treten, haben sie auch eine Verantwortung. Google entscheidet weltweit, was wir finden und welche Informationen verbreitet oder gesperrt werden, daraus resultiert eine Verantwortung für die Gesellschaft. Nick Brien meint, „it is not acceptable to build value for yourself only, brands must build value for society, too."

Marken führen zu Erfahrungen, das hippe Gadget, die einfache Suche, der weltweite Informationszugang. Marketing erzählt die Geschichten dazu. Wenn Marken etwas Gutes für die Gesellschaft tun, wird dies zum

3.2 Brand Experience: unsere neue Religion? 47

Bestandteil der *brand experience*. Solche Marke zu nutzen, bedeutet Gutes zu tun.

Eine positive *brand experience* zu schaffen, ist der Schlüssel für erfolgreiches Marketing. Soziale Netze transportieren dann diese Erfahrungen, die wir jeden Tag machen. Solches Marketing kann nur gelingen, wenn die zu Grunde liegenden Erfahrungen authentisch sind, nur dann werden sie geteilt.

The Truth about Marketing 3.0, die Wahrheit über Marketing 3.0: Menschen machen positive Erfahrungen mit Marken und geben diese in sozialen Netzen weiter. Dies gelingt dann, wenn Marken auch für Werte stehen.

Viel, was Nick Brien über Marken und *brand experience* sagt, lässt sich auch auf Religion und religiöse Erfahrung übertragen. Von welchen religiösen Erfahrungen — Geborgenheit, Sinnerfahrung, Liebe — werden Menschen angerührt, dass sie diese Erfahrungen in sozialen Netzen teilen wollen? Welche religiöse *Marken* bauen wir dazu auf?

Kommentare

Interessanter Text, interessante Frage. Subjektiv, aus meiner Erfahrung heraus, würde ich sagen: Die *Marke* könnte sein, als Gesprächspartner ehrlich und authentisch und nicht aufdringlich zur Verfügung zu stehen. *Unsere* Inhalte werden über die Person vermittelt und unser Medium ist eine klare Sprache.

* * *

Danke für den Kommentar. In der Analogie wäre wahrscheinlich „evangelisch" die Marke. Frage: Welche *experience* kann der/die „Kunde/Kundin" damit verbinden?

* * *

Ein wirklich interessanter Text. Ich kann dazu nur so viel sagen, dass die Welt sich immer wieder selber beeinflusst und bestimmt. Es wird immer ein fiktives Bild gezeigt und versucht dem Menschen das und nicht ein anderes zu verkaufen. Ich meine die Aussage „Stop praying. God's too busy to worry about your Digital Marketing. Our Religion is performance." stimmt schon in einer gewissen Art und Weise. Warum sollen wir beten, wäre es nicht sinnvoller zu handeln? Na ja nicht destotrotz sind es eben Medien, die unser Handeln, unsere Sinneswahrnehmungen, einfach den Menschen vermitteln.

4

Tod, Religionsfreiheit und Heiliges im Internet

4.1 Verändern Facebook und Twitter den Tod?

Der Trauermonat November erfasst auch das Netz. Dem digitalen Netizen gibt der Jahresrhythmus anscheinend Halt, zumindest aber Gesprächsstoff. Der Tod wird in der Gesellschaft tabuisiert, hier bildet das Internet die gesellschaftliche Realität ab, auch online ist der Tod ein Tabu. Umgangsformen mit Tod und Sterben, die sich in der Kohlenstoffwelt entwickelt haben, greifen in der Netzkultur nicht. Wie gehen Angehörige oder Erben mit dem Facebook-Profil einer oder eines Verstorbenen um? Dazu schreibt Meike LORENZEN [52] im *Handelsblatt*:

> „Wie viele Verstorbene in Deutschland noch ein Social-Media-Profil haben, ist nicht seriös zu erfassen. Schließlich ist nicht zu unterscheiden, ob jemand tot oder einfach inaktiv ist. Doch künftig wird wohl fast jeder einmal mit der Frage konfrontiert werden, was zum Beispiel mit der Facebookseite eines Freundes oder Verwandten passieren soll."

Gleichzeitig gibt es Rückbezüge aus der Offline-Welt ins Internet, QR-Codes zieren schon die ersten Grabsteine [66]. Ein Foto vom Grabstein mit dem Smartphone und schon gibt es Online-Content zu den Verstorbenen. Wir sind in einem Prozess der Veränderung, die Trauerkultur ist im Wandel. Noch ist nicht abzusehen, wohin die Entwicklung geht.

Wir werden sicherlich Wege finden, angemessen mit dem Tod eines Menschen in sozialen Netzwerken umzugehen. Das Verhältnis von Online-Gedenkseiten zu Friedhöfen wird sich klären. Aber es wird dabei bleiben, dass der Tod eines Menschen der totale Abbruch von Beziehungen bleibt. Das Internet wird den Tod nicht erträglicher machen.

Auf `trauernetz.de` bieten wir zum vierten Mal eine Chatandacht am Ewigkeitssonntag an (vgl. 2.6). Ob die Namen von einem Blatt Papier vor dem Altar verlesen werden oder am Bildschirm aus einem Online-Trauerbuch eingeblendet werden, ist nicht wichtig, entscheidend ist das Vertrauen, dass Gott niemanden vergisst, so lassen sich für mich die Erfahrungen der vergangenen drei Jahre zusammenfassen. In der Woche vor dem Ewigkeitssonntag können Freunde und Angehörige die Namen Verstorbener in eine Online-Trauerbuch eintragen, während der Chatandacht werden die Namen am Bildschirm eingeblendet. Die Chatteilnehmer schweigen gemeinsam, unterbrochen manchmal von einem Gebetsruf. Besonders eindrücklich für mich, als eine Mutter tippte: „Du bist jetzt bei Gott, mein Kind", während der Name ihrer Tochter über den Bildschirm lief.

Anders als im Gemeindegottesdienst liegen die Todesdaten häufig zwei bis fünf Jahre zurück, andere mehr als zehn Jahre. Während in der Gemeinde nur der Verstorbenen des vergangenen Jahres gedacht wird, zeigt sich online, dass viele Menschen in anderen Zyklen trauern. Das Internet erlaubt hier eine Individualisierung der Zeitspanne. So gesehen verändern soziale Netzwerke — also bildlich gesprochen Twitter und Facebook — den Tod oder besser: den Umgang mit dem Tod. Die Realität des Todes ändert sich aber nicht, die bleibt gleich.

4.2 Medienhype: Hatte Jesus eine Frau?

So geistert es mit rund zwei Tage Verzögerung nun auch durch die deutschen Medien [15]. Die deutschen Meldungen gehen auf die amerikanische Berichterstattung über einen Papyrusfund zurück, den Karen King, Theologie-Professorin in Harvard, veröffentlicht hat. Einige Meldungen lassen bei der Überschrift das Fragezeichen weg und titeln, Jesus habe eine Frau gehabt. Das klingt besser. Das US-Magazin Smithsonian hat den Hintergrund zu diesen Meldungen recherchiert [65]:

> "The fragment's 33 words, scattered across 14 incomplete lines, leave a good deal to interpretation. But in King's analysis, and as she argues in a forthcoming article in the Harvard Theological Review, the 'wife' Jesus refers to is probably Mary Magdalene, and Jesus appears to be defending her against someone, perhaps one of the male disciples.
>
> 'She will be able to be my disciple,' Jesus replies. Then, two lines later, he says: 'I dwell with her.'
>
> The papyrus was a stunner: the first and only known text from antiquity to depict a married Jesus.
>
> But Dan Brown fans, be warned: King makes no claim for its usefulness as biography. The text was probably composed in Greek a century or so after Jesus' crucifixion, then copied into Coptic some two centuries later. As evidence that the real-life Jesus was married, the fragment is scarcely more dispositive than Brown's controversial 2003 novel, The Da Vinci Code."

King selber betont, dass dieser Papyrus nichts über den historischen Jesus aussage. Er belege nur, dass es im zweiten bzw. vierten Jahrhundert Christen gegeben habe, die glaubten, Jesus sei verheiratet gewesen. Diese Ansicht als solche ist auch nicht neu — neu ist allerdings, dass es dafür einen Beleg aus dem vierten Jahrhundert nach Christus nun gibt.

Ich erinnere mich an einen Vortrag während meines Studiums, als Schalom Ben-Chorin über sein Buch *Bruder Jesus* sprach. Ben-Chorins Argument [31]: Jesus sei ein Rabbi gewesen; da üblicherweise zur Zeit Jesu alle Rabbis verheiratet gewesen seien, folge daraus auch, Jesus habe eine Frau gehabt.

Dass die Evangelien nichts davon berichten, liege daran, dass niemand Selbstverständlichkeiten aufschreibe — oder würde man in der Biografie eines katholischen Priesters erwähnen, dass dieser unverheiratet sei? War Jesus ein verheirateter Mann? Hat er eine Frau gehabt? Was macht diese Frage für uns so interessant, warum springen die Medien so darauf an?

Es hängt wahrscheinlich mit unserer Vorstellung von Jesus zusammen. Wir stellen ihn uns nicht als wirklichen Menschen vor. Dem widerspricht aber gerade die altkirchliche Christologie mit ihrer Dogmenbildung auf den Konzilien, die gerade einen Doketismus, dass Jesus nicht wirklich, sondern nur dem Anschein nach Mensch war, bekämpft. Jesus ist wahrer Mensch und wahrer Gott — *vere homo et vere Deus* — so das altkirchliche Bekenntnis.

Eine Ehe Jesu sollte also theologisch vollkommen irrelevant sein, genauso wie seine Größe, seine Haarfarbe, sein Alter. Warum erscheint sie uns aber als problematisch? Meine Vermutung, es liegt an unserem Umgang mit der Leiblichkeit und Sexualität. Im frühen Christentum, dazu brauchen wir nur die Paulusbriefe zu lesen, gab es Konflikte zwischen Asketen und Libertinisten; wobei sich kirchengeschichtlich für lange Zeit eine Leibfeindlichkeit im Christentum durchgesetzt hat.

Wenn Jesus eine Frau gehabt hätte, könnte niemand leugnen, dass er auch Sex gehabt hätte, dies aber widerspricht gängigen Klischees, die Jesus als asexuelles Wesen betrachten.

Es ist durchaus interessant, dass es — so belegt es der Papyrus, sollte er denn echt sein — noch im vierten Jahrhundert Strömungen im Christentum gab, die sich Jesus als Mann mit einer Frau vorgestellt haben. Wenn sich diese Richtung durchgesetzt hätte, wäre es wahrscheinlich auch zu einer anderen Sexualmoral im Christentum gekommen.

Für die Frage nach dem historischen Jesus — so Karen Kings Einschätzung — ist der Papyrusfund aber irrelevant. Theologisch ist er höchstens kirchengeschichtlich interessant, aber es würde an keinen Glaubensgrundlagen rütteln, wenn Jesus verheiratet gewesen wäre, im Gegenteil, es würde nur das *vere homo* unterstreichen.

Für die Medien ist der Fund aber schon interessant. Man braucht es nicht auszusprechen, denn man denkt es mit: Hatte Jesus eine Frau, dann hatte er auch Sex mit ihr. Auch wenn der Papyrus keinen historischen Beleg dafür bietet, es reicht zur Spekulation. Damit kann man das gängige Jesus-

Bild in Frage stellen und außerdem gilt: Sex sells — auch wenn es nicht explizit ausgesprochen wird.

4.3 Mohammed-Film: Ist nichts mehr heilig?

Das Wissen um bzw. die Erfahrung des Heiligen ist uns in der modernen Gesellschaft offenbar verloren gegangen. Das Schmäh-Video *The Innocence of Muslims* [30] wirft die Frage auf, wie gehen wir damit um, wenn religiöse Gefühle anderer verletzt werden.

Für den Theologen und Religionswissenschaftler Rudolf Otto (1869 - 1937) war die Erfahrung des Heiligen dagegen fast eine Erkenntniskategorie im Kantschen Sinne. In seinem Hauptwerk *Das Heilige* von 1917 setzt OTTO [57], der durch Reisen nach Indien, Sri Lanka, China, Japan, den Nahen Osten und Afrika sich auch mit den dortigen Kulturen und Religionen auseinandergesetzt hat, sich mit der Erfahrung des Heiligen auseinander, die er als *mysterium tremendum* und *mysterium fascinans* bezeichnet. Diese Erfahrung des Heiligen findet sich z.B. in Luthers *Kleinem Katechismus*, wenn er jeweils bei der Erläuterung der Gebote zusammenfasst: „Wir sollen Gott über alle Dinge fürchten und lieben." Ottos Sicht lässt sich folgendermaßen beschreiben [20]:

> „Im erstgenannten Gefühl offenbart sich Gott als eine überwältigende Macht, vor der die Kreatur erschauert und die als das *ganz Andere* die menschliche Vernunft transzendiert. Das Heilige wird allerdings nicht als das absolut Unheimliche empfunden, denn untrennbar von diesem Aspekt existiert die faszinierende, beglückende Erfahrung des Göttlichen. Die Irreduzibilität der Momente des Schauderns und des Vertrauens kennzeichnet Otto, indem er das Heilige als Numinoses ... bestimmt."

Die Realität der modernen säkularen Gesellschaft hat Rudolf Ottos Theorie vom Heiligen längst als irrelevant erwiesen. Entdeckte Otto bei verschiedenen Völkern und in verschiedenen Religionen und Kulturen noch eine Wahrnehmung des Heiligen, das auch die Grenzen von Religionen überschreitet, so scheint uns (zumindest im Westen) jedes Gefühl dafür abhanden gekommen zu sein. Dies zeigt nicht zuletzt das Video *The Innocence of Muslims*, das in geschmackloser Weise Mohammed verhöhnt. Ich habe mir dieses Video — in Deutschland ist es (wielange noch?) abrufbar — selbst angesehen, die künstlerische Qualität ist deutlich unter der Nulllinie, es geht bei diesem Film nicht um Meinungs- oder Kunstfreiheit, sondern darum, eine Religion lächerlich zu machen, indem man deren Stifter verhöhnt.

In den USA gelten andere Rechtsnormen in Bezug auf die Meinungsfreiheit, sie ist dort anders in der Gesellschaft verankert als bei uns, in

4.3 Mohammed-Film: Ist nichts mehr heilig?

Deutschland ist jedoch Meinungsfreiheit nicht absolut, sondern hat durch das Strafgesetzbuch auch Grenzen.

„§166 Beschimpfung von Bekenntnissen, Religionsgesellschaften und Weltanschauungsvereinigungen

(1) Wer öffentlich oder durch Verbreiten von Schriften (§11 Abs. 3) den Inhalt des religiösen oder weltanschaulichen Bekenntnisses anderer in einer Weise beschimpft, die geeignet ist, den öffentlichen Frieden zu stören, wird mit Freiheitsstrafe bis zu drei Jahren oder mit Geldstrafe bestraft.

(2) Ebenso wird bestraft, wer öffentlich oder durch Verbreiten von Schriften (§11 Abs. 3) eine im Inland bestehende Kirche oder andere Religionsgesellschaft oder Weltanschauungsvereinigung, ihre Einrichtungen oder Gebräuche in einer Weise beschimpft, die geeignet ist, den öffentlichen Frieden zu stören."

Ich bin kein Jurist, aber für mich gehört das Mohammed-Video in die Kategorie der Schriften, die StGB §116 erwähnt. Nach §11 gilt nämlich: „Den Schriften stehen Ton- und Bildträger, Datenspeicher, Abbildungen und andere Darstellungen in denjenigen Vorschriften gleich, die auf diesen Absatz verweisen" — also schließt §116 ausdrücklich Videos mit ein.

Es geht nicht darum, eine kritische oder eine wissenschaftliche Auseinandersetzung mit Religion, oder konkret: dem Islam, zu verbieten, strafbedroht ist aber die bloße Beschimpfung eines Bekenntnisses oder einer Religionsgemeinschaft. Dieses Verbot wird damit begründet, dass der öffentliche Frieden bedroht ist — also das religiöse Empfinden der Bürgerinnen und Bürger in diesem Land massiv verletzt wird. Bis 1953 hatte §166 übrigens noch eine andere Fassung [1], er hob nicht auf die Verletzung religiöser Gefühle ab, sondern er verbot die Gotteslästerung, d.h. Gott selbst wurde verletzt:

„Wer dadurch, daß er öffentlich in beschimpfenden Äußerungen Gott lästert, ein Ärgerniß gibt, oder wer öffentlich eine der christlichen Kirchen oder eine andere mit Korporationsrechten innerhalb des Bundesgebietes bestehende Religionsgesellschaft oder ihre Einrichtungen oder Gebräuche beschimpft, ingleichen wer in einer Kirche oder in einem anderen zu religiösen Versammlungen bestimmten Orte beschimpfenden Unfug verübt, wird mit Gefängniß bis zu drei Jahren bestraft."

Es scheint schwierig, die genauen Hintergründe des Videos herauszufinden, wer welche Agenda hat, aber es ist bezeichnend, dass in Deutschland nun Rechtsextreme den Film öffentlich zeigen wollen [18]. Der dumpfe Film soll nun auch noch ausländerfeindlich ausgeschlachtet werden. In keiner Weise will ich Gewalt und die Gewaltausbrüche in der islamischen Welt als Reaktion auf die Veröffentlichung des Filmes rechtfertigen, aber es ist einfach verantwortungslos, ein Video zu zeigen und weiterzuverbreiten, das nichts macht, außer eine Religion zu verhöhnen.

Ob Moslem, Christ, Jude, Hindu oder Buddhist, eigentlich sollten wir alle uns über den Film empören, denn er verletzt religiöse Gefühle massiv. Aber es scheint, der Sinn für das Heilige — gerade auch das Heilige in anderen Religionen — ist uns verloren gegangen.

Sollte der Film verboten werden? „Wie viel Netzzensur muss sein?", fragen Konrad Lischka und Christian Stöcker in der Rubrik Netzpolitik auf Spiegel-Online [50]. Geht es wirklich um Zensur? Google als Eigentümer von YouTube betont, dass das Video gegen keine seiner Grundsätze verstoße und daher online bleibe. Allerdings wurde es in zwei arabischen Ländern aufgrund der Ausschreitungen nun geblockt. Muss YouTube wirklich alles zeigen und verbreiten? Was sind das für Grundsätze, die solche Videos erlauben?

Teil der Nutzungsbedingungen von YouTube sind die Community Guidelines [26], die *Hate Speech* explizit verbieten:

> "We encourage free speech and defend everyone's right to express unpopular points of view. But we don't permit hate speech (speech which attacks or demeans a group based on race or ethnic origin, religion, disability, gender, age, veteran status, and sexual orientation/gender identity)."

Außerdem bieten die *Community Guidelines* von YouTube die Möglichkeit, bestimmte Inhalte als „inappropriate", also unangemessen zu markieren:

> "You may not like everything you see. Some of the content here may offend you — if you find that it violates our Terms of Use, then click 'Flag as Inappropriate' under the video you're watching to submit it for review by YouTube staff. If it doesn't, then consider just clicking on something else — why waste time watching videos you don't like?"

4.3 Mohammed-Film: Ist nichts mehr heilig? 57

Konrad Lischka und Christian Stöcker haben Recht, dass sich Regeln in der Praxis bewähren müssen, wann Internet-Monopolisten welche Inhalte vom Netz nehmen, aber das sollte uns nicht davon abhalten, deutlich zu machen, welche Inhalte aus gutem Grunde *inapproriate* sind. Es geht nicht um Zensur, sondern um ein zivilisiertes Miteinander, das die Achtung religiöser Gefühle anderer einschließt. Warum gehen wir nicht auf YouTube und markieren das Mohammed-Video entsprechend?

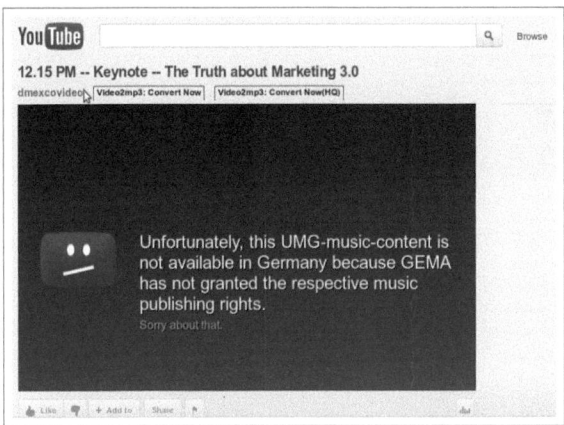

Abb. 4.1. *Innocence of Muslims* ist noch online in den meisten Ländern, so sieht eine Sperrung wegen Urheberrechtsverletzungen aus

Was ist uns heilig? Das Heilige anscheinend nicht mehr, das Copyright dagegen sehr. Diese Woche war ich auf einer Messe. Einen Vortrag bekam ich nicht mit, wollte ihn mir nachher auf YouTube ansehen. Weil der Referent aber im Rahmen seines Vortrages Werbetrailer mit Musik-Einspielungen verwendete, darf das Vortragsvideo in Deutschland nicht abgerufen werden.

Wenn das Copyright verletzt wird, reagiert YouTube sofort, wenn religiöse Gefühle verletzt werden, sind die Reaktionen halbherzig und unbeholfen.

Teil II

Kirche

5
Organsisationswandel, Statistik und Transparenz

5.1 Kultur- und Organisationswandel durch Facebook?

Kommunikation gelingt nicht auf einmal deshalb, weil plötzlich eine entsprechende neue Technik da wäre, sondern sie gelingt, weil eine Technik abbilden kann, was als Kommunikationsform und -mittel benötigt wird. Wenn der Vorstand beschließt, eine Facebook-Page muss her, bedeutet dies noch lange nicht, dass ein Unternehmen fortan erfolgreich über soziale Netzwerke kommunizieren kann.

Tim Mikša hat dies in seinem Blogpost *Ohne Kultur- und Organisationswandel kein Social Workplace* folgendermaßen [55] beschrieben:

„Es ist erstaunlich, mit welcher Dynamik der Paradigmenwechsel in der Kommunikation mit seinen geschäftlichen als auch gesellschaftlichen Auswirkungen heute schon auf Unternehmen trifft. Und wie wenig vorbereitet diese sind. Vor 2 Jahren wurden wir von Marketing- und Kommunikationsabteilungsleitern noch verständnislos angeschaut, wenn wir erläutert haben, dass ihr Vorhaben, sich der Kommunikation in sozialen Netzwerken zu öffnen, nur dann erfolgreich sein wird, wenn auch intern die soziale Vernetzung als Voraussetzung geschaffen ist. Unsere Prämisse, sich daher zunächst auf strategischer Ebene Gedanken zu machen, wie sich Unternehmenskultur und -organisation entwickeln müssen, wurde oft mit ‚Wir brauchen aber jetzt eine Facebook-Seite' und ‚Dafür stellen wir Social Media Manager ein beantwortet.'

Ähnliches hörten wir öfters in Gesprächen mit IT Leitern, die vom Management beauftragt worden waren, durch die Einführung von Social Software die interne Kommunikation und Zusammenarbeit zu verbessern. Ich erinnere mich an eine Reihe von Präsentationen aus dem letzten Jahr, wo CIOs stolz ihre monatelangen Evaluationsprozedere und Change Management Roadmaps für die zukünftige Enterprise 2.0 Architecture — natürlich unter der gewieften Maßgabe ‚User und Information' zusammenzubringen — präsentiert haben. Auf die Rückfrage, wie man denn bei den Menschen im Unternehmen die notwendige Motivation zum Teilen von Wissen und Vernetzung erreichen will oder welche Maßnahmen es hierzu auf Seiten der Führung gibt, gab es regelmäßig die Antwort ‚Das kann ich Ihnen nicht sagen, das macht bei uns die Kommunikation/das Marketing.'"

Eigentlich sollte dies selbstverständlich sein, vor zehn Jahren — in der Vor-Facebook-Zeit — formulierten die Verfasser des *Cluetrain Manifesto*, online unter `cluetrain.com`, ihre Thesen ähnlich [49]:

„Unternehmen, die nicht realisieren, dass ihre Märkte jetzt von Mensch zu Mensch vernetzt sind, deshalb immer intelligenter werden und sich in einem permanenten Gespräch befinden, verpassen ihre wichtigste Chance. Unternehmen können zum ersten Mal mit ihren Märkten direkt kommunizieren. Wenn sie bei diesen Gesprächen versagen, könnte das ihre letzte Chance gewesen sein. Die Unternehmen sollten sich fragen, wie weit ihre Unternehmenskultur reicht. Wenn ihre Kultur dort endet, wo die Gemeinschaft beginnt, werden sie keine Märkte mehr haben. Menschliche Gemeinschaften entstehen aus Diskursen — aus menschlichen Gesprächen über menschliche Anliegen. Die Gemeinschaft des Diskurses ist der Markt. Unternehmen, die nicht zu einer diskursiven Gemeinschaft gehören, werden aussterben."

Selbst große Unternehmen können pleite gehen, geschluckt werden, vom Markt verschwinden. Wer kennt heute noch CompuServe? Dinosaurier überleben nicht am Markt.

Interessant ist in diesem Zusammenhang *Telekom-hilft* `facebook.com/telekomhilft`, über Facebook haben alle Mitarbeitende beim Social-Media-Service-Team des Magenta-Riesen auf einmal ein Gesicht. Wenn ich als Kunde jemanden mit Gesicht sehe, spreche ich anders mit ihm oder ihr und er oder sie mit mir.

5.1 Kultur- und Organisationswandel durch Facebook?

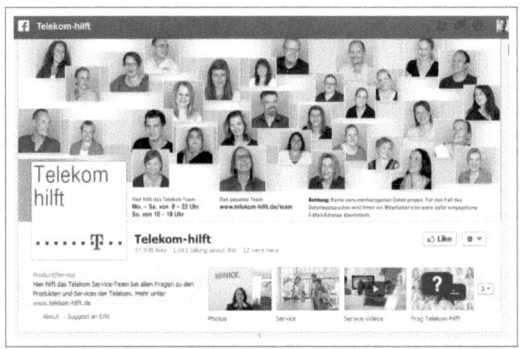

Abb. 5.1. Screenshot *Telekom-hilft* auf Facebook

Was heißt dies für Kirche, wenn sie Facebook macht? Den Betrieb einer Facebook-Seite zu beschließen, bedeutet noch keine neue Kommunikationskultur. Man kann natürlich auch Pressemitteilungen über Facebook abspielen, das ist aber noch lange keine soziale Kommunikation.

Über soziale Netzwerke wie Facebook zu kommunizieren bedeutet für uns als Kirche, dass wir von Mensch zu Mensch kommunizieren. Eigentlich eine Trivialität. Aber manchmal muss man auch das Offensichtliche einmal aussprechen — und Mitarbeitende ermuntern, auch in ihren sozialen Netzen als Christinnen und Christen zu kommunizieren.

5.2 Alles messbar? Alles sichtbar? Wollen wir das wirklich?

Wie transparent machen wir unsere Internetarbeit? Veröffentlichen wir unsere Website-Statistiken? Ist Transparenz gar ein christlicher Wert? Was kann, was darf, was soll öffentlich sein? Leider veröffentlichen nur ganz wenige kirchliche Websites ihre Zugriffszahlen.

Die Frage wäre dann, wieviel zählt ein Klick; man könnte auch fragen, wieviel kostet ein Klick, aber was für viele interessanter wäre: Habe ich mehr Klicks als die anderen?

Allerdings gibt es Tools (wie z.B. `alexa.com/siteinfo`), die aufgrund von Traffic-Messungen allgemeine Trends beschreiben können und Websites miteinander vergleichen.

Natürlich habe ich mir nicht nur die Zahlen für `ekir.de` angesehen, sondern direkt auch nachgeforscht, wie *wir* gegenüber anderen, also `ekd.de` und `evangelisch.de` dastehen. Außerdem vergleiche ich mich als Rheinländer natürlich mit `evangelisch-in-westfalen.de`. Wer will, kann dies auf *Alexa* selber abfragen.

Über den tatsächlichen Wert solcher öffentlichen Tools lässt sich trefflich streiten — was mir aber deutlich wurde: ich messe den Erfolg *meiner* Website im Vergleich zu anderen, sie werden zu meinen Konkurrenten um die Gunst der User.

Wenn ich weniger Zugriffe habe, als eine vergleichbare andere Website, scheine ich etwas falsch zu machen bzw. der andere etwas besser.

Wollen wir wirklich vergleichbare und öffentliche Webstatistiken?

Zurzeit nutzen die meisten kirchlichen Websites unterschiedliche Webstatistik-Verfahren, so dass die Zahlen nur bedingt vergleichbar sind. So kann man (wenn es überhaupt zu einer Auswertung und einem Vergleich der Zugriffsstatistik kommt) dann beim Vorlegen der eigenen Zugriffszahlen im Notfall den entsprechenden Gremien noch eine Erklärung und Interpretation mitliefern, warum man eigentlich im Vergleich zum Konkurrenten gar nicht so schlecht da steht. Die Tendenz — so erlebe ich es — ist aber, echte valide Zahlen eher nicht zu veröffentlichen oder wenn, diese nur unter Vorbehalt der Vertraulichkeit im Kreis der Webmaster-Kollegen weiterzugeben.

5.2 Alles messbar? Alles sichtbar? Wollen wir das wirklich?

Auf der anderen Seite: weil die Zahlen eben nur schlecht vergleichbar sind, vernachlässigen einige eine wirkliche Auswertung lieber ganz — und stellen sich erst gar nicht der Diskussion.

Hätten wir verlässliche Zahlen, könnte man besser planen, welche Projekte gut laufen und wo eingesetzte Mittel vielleicht doch verschwendet werden. Es ließe sich ermitteln, wieviel ein Klick tatsächlich kostet.

Sind wir Konkurrenten untereinander? Oder haben wir doch ein gemeinsames Ziel? Am Umgang mit Webstatistiken zeigt sich auch unser Selbstverständnis.

Klickzahlen sind für mich nicht die alles entscheidende Größe (davor bewahrt uns schon das biblische Gleichnis vom verloren Schaf — der einzelne ist wertvoll, es kommt nicht immer auf die Masse an), aber ein offener und ehrlicher Umgang mit ihnen könnte uns helfen, besser auf die tatsächlichen Bedürfnisse der User einzugehen, Projekte zu stärken und auch andere gegebenenfalls zu stoppen. Es geht schließlich auch um den Einsatz von anvertrauten Mitteln.

Auch wenn Konkurrenz das Geschäft belebt, wir haben mit allen unseren Webaktivitäten dieselbe Botschaft. Der Botschafter selbst ist nicht so wichtig wie das, was er sagt. Im Web sind wir auf einem großen Marktplatz, dieser ist so groß, dass wir am besten gemeinsam dort präsent sind.

5.3 Synode Backstage

Noch einen Tag geht die #LS2013 (=Landessynode der Evangelischen Kirche im Rheinland in Bad Neuenahr) weiter, in aller Eile und mit noch frischer Erinnerung einige Überlegungen, Fakten und Lehren zur Online-Berichterstattung von der Synode.

Online-Prognosen?

Bekanntlich lassen sich über `google.org/flutrends` Grippe-Epidemien vorhersagen. Aufgrund der Lokalisierung von grippebezogenen Suchabfragen kann man abschätzen, wann wo Grippe-Epidemien auftreten werden.

Ob sich analoge Prognosen auch auf das Wahlverhalten von Synoden beziehen lassen, sei dahingestellt, jedoch gibt es eine Parallelität zwischen dem Wahlergebnis im ersten Wahlgang und der Anzahl der Abrufe der Kandidaten-Videos auf YouTube kurz vor der Wahl. Petra Bosse-Huber und Manfred Rekowski dicht beieinander, Ellen Ueberschär deutlich dahinter.

Abb. 5.2. Videos zur Präseswahl

Live-Stream

Pressemäßig wichtigstes Ereignis — und auch richtungsweisend für die EKiR — war die Präses-Wahl. Erstmalig stellten sich die Kandidierenden für das Präses-Amt öffentlich der Synode vor. Daher bestand der Wunsch, dies per Live-Stream zu übertragen, um allen Interessierten es zu ermöglichen, sich einen Eindruck von den zwei Kandidatinnen und dem Kandidaten zu machen.

Außerdem sollte die Wahl selbst übertragen werden, so dass auch außerhalb von Bad Neuenahr jeder und jede sofort mitbekommen kann, wer der oder die neue Präses sein wird. Und so könnten auch die Kolleginnen und Kollegen im Landeskirchenamt direkt den Wahlausgang erfahren.

Soweit der Plan — nun die Umsetzung.

Die Realisierung des Streams und der Übertragung übernahm der EKiR-Medienverband. Er schaffte es sogar, eine zusätzliche DSL-Leitung von einer Telekom-Gesellschaft extra legen zu lassen. In Bad Neuenahr keine Selbstverständlichkeit, sondern nur mit beharrlicher Nachfrage möglich. Wichtig: Wir haben eine Business-Leitung genommen, die symmetrisch ist, d.h. dieselbe Bandbreite für Upload und Download hat. Der Stream war bei einem großen Dienstleister gebucht, das garantiert Zuverlässigkeit. Bandbreite beim Upload ist 0,5 MBit, so dass das Video auch im Full-Screen-Modus gut angesehen werden kann.

Am Tag vor der ersten Übertragung der Test, Stream läuft stabil, nun noch die Standbilder austauschen und darauf auf die Übertragungszeiten hinweisen. Alles soweit in Ordnung. Die Übertragung kann kommen.

Am Tage der Vorstellung der Kandidierenden läuft der Stream stabil wie geplant. Jedoch können nicht alle die Vorstellung live verfolgen. Es kommt zu Nachfragen auf Twitter und über Mail. Warum? Auf iPads und iPhones läuft der Flash-Stream nicht. Dass iOS kein Flash mag, ist natürlich bekannt, aber wir hatten bei der Planung mobile Endgeräte nicht als relevant angesehen. Eine Irrtum, mobile Endgeräte werden immer wichtiger, auch bei Kirchens.

Ein weiteres Problem: Wer mit dem Handy unterwegs ist und deshalb kein WLAN hat, sieht den Stream auch nicht, weil über normalen Handy-Empfang die Bandbreite nicht ausreicht. Last but not least: Im Landeskirchenamt lässt die Firewall den Stream nicht durch, für den nächsten Tag werden daher die entsprechenden Ports geöffnet.

Für die Vorstellung der Kandidierenden haben wir drei Personen, eine für Regie, zwei führen Kameras; außerdem eine unbemannte Standkamera. Für die Wahl selbst am nächsten Tag dann nur zwei Kameras, eine mit Kameramann und eine als Standkamera.

Wir hatten 500 gleichzeitige Nutzer für den Abruf des Streams gebucht. Die Statistik weist insgesamt 2000 Abrufe des Stream je Tag auf. Es gab keine Rückmeldungen, dass jemand vom Server wegen fehlender Kapazität abgewiesen wurde. Insofern war die Einschätzung bei der Buchung der Serverkapazitäten realistisch.

Videos on Demand

Da ein Video-Team die Synode wegen des Live-Streams begleitet, bot es sich an, diese Kapazitäten zu nutzen und auch Videos von der Synode zum On-Demand-Abruf vorzuhalten. Gerade weil die Vorstellung der Kandidierenden am Vormittag eines Werktages erfolgt, erschien es sinnvoll, die Streams auch als On-Demand-Video anzubieten — und das natürlich zeitnah.

Dabei mussten wir lernen: Die Überspielung der Daten von der Kamera in den Rechner braucht Zeit, abhängig von Kamera bzw. Aufzeichnungsart eine nicht zu vernachlässigende Zeit. Ein noch größerer Zeitfaktor ist die Zeit für den Video-Upload, falls keine schnelle Internetverbindung vorliegt. Für den Upload konnten wir nicht über die für den Stream eigens bestellte DSL-Leitung gehen, so dass wir für das Hochladen der Videos (bzw. Audios) nur an Modem-Geschwindigkeit herankamen.

Abhilfe schuf hier ein Kollege des Medienverbandes, der sich in das WLAN des Tagungshotels einbuchte und die Videos hochlud. Sonst hätten einige Videos bis zu fünf Stunden benötigt bis zu ihrer Veröffentlichung auf YouTube.

Soweit es die Ressourcen zuließen, haben wir Video-Clips vom Synodengeschehen gemacht und Audio-Mitschnitte bereitgestellt.

Twitterstream

Erstmalig haben wir die gesamte Plenarsitzungen getwittert. Unter `twitter.com/ekir_de` hat die EKiR-Online-Redakteurin live berichtet, was im Plenum beraten und beschlossen wurde. Insbesondere während der Wahl war der Twitterstream hilfreich, falls jemand die Video-Übertragung nicht verfolgen konnte.

Über den publizierten Hash-Tag #LS2013 konnten Twitter-User mitmachen. Ein nettes Nebenergebnis: Die Twitter-Tweets lassen sich zu Geschichten auf `storify.com` zusammenfassen.

Facebook

Auf der landeskirchlichen Facebook-Seite haben wir die Synode thematisch aufgegriffen und natürlich den neuen Präses vorgestellt. Für kirchlich Hochverbundene haben wir deshalb eine eigene öffentliche Gruppe Landessynode eingerichtet, der 55 Personen beigetreten sind. Dort haben wir intensiv über das Synodengeschehen berichtet. Und natürlich wurde auch aus der Mitte der Synode gefacebookt.

Motivierend für uns: Das positive Feedback aus dem Social Web.

Und schön, dass auch Facebook vielfach genutzt wurde, dem neuen Präses zur Wahl Gottes Segen zu wünschen.

5.4 Vom Diskettenfoto zum Twitterstream

Heute beginnt die rheinische Landessynode 2013 in Bad Neuenahr. Nach sechs Jahren Pause bin ich wieder dabei. Was hat sich in der Online-Berichterstattung getan? Was ist gleich geblieben? Was hat sich verändert?

Meine erste Landessynode in der Online-Redaktion war 1999. Zwischen Weihnachten und Neujahr war ich noch in den Fachhandel gestürzt. Für rund 800 Mark hatte ich eine Digitalkamera erstanden, die auf Disketten die Fotos speicherte. High-Tech damals. Foto machen, Diskette aus der Kamera raus, rein in den PC und per FTP auf die Website. Unglaublich schnell war das damals. Wir hatten ursprünglich geplant, die Filme schnell ins Fotolabor zu fahren und dann zu digitalisieren. Größtes Problem wäre das Wochenende gewesen, denn da waren die Fotogeschäfte zu. Am Wochenende nur Text? Damals Realität, heute undenkbar. Die Disketten-Digital-Kamera brachte eine erhebliche Beschleunigung.

Einen Fotoservice für Gemeindebriefe konnten wir damit noch nicht anbieten, denn bei einer 3,5"-Diskette war die Auflösung natürlich nur für das Web ausreichend, der folgte erst später.

Relativ bald kamen Live-Videos dazu. Briefmarkengroß war das Bild, als Encoder diente ein Windows-NT-Rechner, der zum Upload zwei Video-Kanäle bündelte. Video-Übertragung war überall möglich, wo es einen ISDN-Anschluss gab. Zum Einsatz kam diese Technik dann im Januar 2002 auf der Synode. 2003 wählte die Landessynode Nikolaus Schneider zum Präses als Nachfolger von Manfred Kock. Erstmalig wurde die Wahl eines Leitenden Geistlichen im Web gestreamt.

Als Technik kam ein angemieteter *Real-Server* zum Einsatz. Optimiert zum Abruf in Modem-Qualität. Kleine Tücke der Technik: Der *Real-Server* verwendete Port 4040; dieser Port war zunächst im Landeskirchenamt gesperrt, wo Mitarbeitende die Präses-Wahl über eine Beamer verfolgen konnten.

Auch in anderen Landeskirchen ist Video-Live-Übertragung inzwischen üblich. Daher ist es nur selbstverständlich, dass auf Wahlsynode 2013 wieder Video-Streaming zum Einsatz kommt. Diesmal stehen zwei Kandidatinnen und ein Kandidat für die Wahl von Präses Nikolaus Schneider bereit. Selbstverständlich wird ihre Vorstellung vor der Synode übertragen, ebenso die Wahl. Nicht mehr in Modem-Qualität auf Briefmarkengröße, sondern Fullscreen und in HD.

Da ein Video-Team auf der Synode bereitsteht, werden auch Audios und On-Demand-Videos angeboten werden. Neu ist der gezielte Einsatz von Social Media. Auf der Facebook-Fanpage der EKiR gibt es eine Synode-App und den Link zur Gruppe Landessynode. Wer bei Facebook angemeldet ist, kann hier rund um die Synode mitdiskutieren. Auch ein Twitter-Hash-Tag wurde vorab publiziert.

Die ersten Twitter-Pictures und Facebook-Alben stehen schon online, bevor die Synode noch begonnen hat. Handy-Fotos werden zu #LS2013 auf Twitter und Facebook geteilt. Disketten-Fotos kennt heute niemand mehr. Und wer wissen will, wer am Donnerstag zum neuen oder zur neuen Präses gewählt wird, kann dies nicht nur per Video, sondern auch per Twitter-Stream verfolgen.

6
Social Media Guidelines

6.1 Nicht Spanisch, sondern Schwedisch: Die Social Media Guidelines der Evangelisch-Lutherischen Kirche von Finnland

Der Amerikaner sagt, etwas sei *Double Dutch*, wenn es für ihn unverständlich ist. Dies klingt dann für deutsche Ohren nicht Doppelt-Holländisch, sondern eher Spanisch. Die evangelisch-lutherische Kirche in Finnland hat nun ein Video zu ihren *Social Media Guidelines* veröffentlicht. Finnisch ist — obwohl ich das Land liebe — mir vollkommen unverständlich, sozusagen Doppelt-Spanisch. Zum Glück gibt es noch Schwedisch als weitere Amtssprache in Finnland, dies macht es manchmal einfacher. Damit es aber für deutsche Ohren kein Spanisch bleibt, gibt es zum schwedischen Video der finnischen Social Media Guidelines [75] noch eine deutsche Arbeitsübersetzung.

Und wer alles lieber auf Deutsch mag, der findet bei Christian BUGGISCH [33] eine gute Übersicht über Social Media Guidelines in Deutschland. Es gibt einen beachtenswerten Beitrag katholischerseits [36], außerdem eine internationale Übersicht unter socialmediagovernance.com. Und um es Abzurunden: Es gibt natürlich auch die Social Media Policy der Kirche von Schweden [8], aber auf Englisch. Nicht Double Dutch, sondern Deutsch (allerdings nur in einer Arbeitsübersetzung) ist die Social-Media-Handreichung der Protestantischen Kirche der Niederlande [21].

Social Media Guidelines der Evangelisch-Lutherischen Kirche in Finnland

Vor 2000 Jahren
begann ein Zimmermann
etwas Großes.
Er versammelte Menschen um sich;
er besuchte sie zu Hause;
er beantwortete Fragen
und stellte neue;
er öffnete Türen zu einer neuen Wirklichkeit — eine neue Möglichkeit.

In den letzten 2000 Jahren folgten Menschen seiner Aufforderung, um diese Möglichkeit zu verbreiten;
um Hoffnung zu verbreiten;
um Freude zu verbreiten;
um Liebe zu verbreiten.
Andere Zeiten — andere Methoden, manche waren gut, manche richtig schlecht. Heute haben wir eine neue Möglichkeit, Menschen da abzuholen, wo sie sind;
eine Chance zum Mitfreuen oder zum Weinen,
eine Chance, Fragen zu beantworten oder neue zu stellen;
also lasst uns das richtig gut machen.

Ein paar Tipps, um Kirche online zu sein:
1. Sei offen für Begegnung
2. Sei, wo andere Menschen sind
3. Mache dir deutlich, mit wem du zu tun hast
4. Folgen den geschriebenen und ungeschriebenen Regeln der Gemeinschaft
5. Was du schreibst, kann von anderen lange Zeit gesehen werden

Unterstütze den Samen beim Blühen — beachte auch den Zweifel!
Sei persönlich!
Sei auch im Netz du selbst!
Deine Gefühle, Ansichten, Glaube und Zweifel sind es, die etwas über dich aussagen.
Wage es, deine Position auch zu ändern!

Wage zuzugeben, was du nicht weißt!
Mache nicht mehr als du schaffen kannst!

Sei sachkundig!
Du weißt viel von der Kirche und vom Glauben.
Wage es zu teilen!
Du bist eine der vielen Stimmen der Kirche.
Gib Auskunft, dass es viele Stimmen gibt!
Berichtige gern sachliche Fehler, aber lass dich nicht provozieren!

Bedanke dich danach und davor!

Sei loyal!
Hilf anderen!
Entwickle Strategien der Zusammenarbeit!
Lass den Chef wissen, was du machst!
Ihr seid eine Arbeitsgemeinschaft auch im Netz.
Das kann die Zusammenarbeit stärken.
Respektiere die Integrität deiner Kollegen!

Und zum Schluss:
Ein Tipp vom Coach

Alles nun, was ihr wollt, dass euch die Leute tun sollen, das tut ihnen auch!
Das funktioniert richtig gut im Netz!

6.2 Der Weg ist das Ziel: Social Media Guidelines

Social Media Guidelines können nicht im stillen Kämmerlein oder im Elfenbeinturm erarbeitet werden, sondern müssen auch in den sozialen Netzwerken selbst diskutiert werden. Ziel solcher Guidelines ist ja nicht der Text als solcher, sondern Bewusstsein zu schaffen für den Umgang in sozialen Netzen.

Selbstredend müssen Social Media Guidelines vom Leitungsorgan beschlossen werden, um auch verbindlich zu sein. Andererseits begründet ein Beschluss noch nicht die Akzeptanz oder eine entsprechende Praxis.

Soziale Netzwerke stehen für Partizipation; sie decken auf, was früher keine Öffentlichkeit erhalten hätte. Daher muss der Prozess, Social Media Guidelines zu erarbeiten, auch transparent und partizipativ sein.

Außerdem wäre es sträflich, bei Null anzufangen, es gibt viele veröffentlichte Guidelines, auf denen man aufbauen kann. Ebenso braucht man aber selbst Erfahrung im Umgang mit sozialen Netzen, sonst entstehen die Richtlinien am grünen Tisch, sind aber nicht praxistauglich. Andererseits wären Richtlinien hilfreich, wenn man sich in sozialen Netzen bewegt, um einige Fehler zu vermeiden. Ein typisches Henne-Ei-Problem.

In der Evangelischen Kirche im Rheinland haben wir daher den Weg gewählt, parallel zum Aufbau der eigenen Facebook-Fanpage — facebook.com/ekir.de ging Ende Juni 2012 online — mit der Entwicklung von Social Media Guidelines zu beginnen.

In einer abteilungsübergreifenden Abstimmung haben wir uns auf ein Format und den Prozess verständigt. Wir werden daher Social Media Guidelines für die rheinische Kirche erstellen — und nicht eine Vielzahl von zielgruppenspezifischen Richtlinien, etwa für Jugendleiterinnen und Jugendleiter andere als für Pfarrer, die sich von denen für Lehrerinnen unterschieden, die wiederum anders wären als die für Ehrenamtliche.

Vom Format und vom Duktus haben uns die Social Media Guidelines der katholischen Deutschen Bischofskonferenz [37] gut gefallen, die wir gerne als Ausgangspunkt unserer Überlegungen nehmen. Außerdem sind interessant: Social Media-Handreichung der Protestantischen Kirche der Niederlande [21], die Church of Sweden Social Media Policy [8], Leitfaden von evangelisch in Facebook facebook.com/evangelisch [16] sowie die Social Media Guidelines der evangelisch-lutherischen Kirche von Finnland als Video [75].

6.2 Der Weg ist das Ziel: Social Media Guidelines 77

Die Erarbeitung von Social Media Guidelines koppeln wir mit der westfälischen und lippischen Landeskirche. Gemeinsam haben wir ein offenes GoogleDocument online gestellt, hier bitten wir um Rückmeldungen aus der Web-Community zu unseren Guidelines. Wir haben bewusst ein Format gewählt, wo jeder und jede ohne Anmeldung mitschreiben kann. Auf verschiedenen Kanälen laden wir gezielt zur Mitarbeit ein. Für diesen Prozess haben wir uns zirka vier Wochen Zeit gegeben. Dann sichten wir das Dokument, redigieren es, gewichten Beiträge und fassen die Rückmeldungen zusammen. Damit gehen wir dann wiederum in die Gremien, um die Beschlussfassung vorzubereiten.

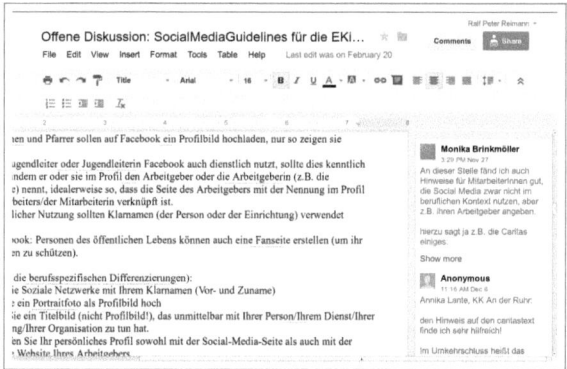

Abb. 6.1. Offenes GoogleDoc zur Diskussion der Social Media Guidelines

Der Weg ist das Ziel, dies ist natürlich überspitzt formuliert, aber das gemeinsame Verständigen auf Social Media Guidelines schafft Bewusstsein. Wer sich der Chancen und Risiken sozialer Kommunikationsmittel bewusst ist, kann sicherer in sozialen Netzen agieren. Guidelines müssen verabschiedet werden, aber mit dem Beschluss ist das Thema nicht erledigt, sondern der Lernprozess geht weiter. Fortbildungsangebote müssen den Guidelines folgen, nur so kann Medienkompetenz in sozialen Netzwerken gestärkt werden.

Wir sind auf dem Weg, gehen die ersten Schritte. Wer uns begleiten möchte, ist herzlich eingeladen, so die Einladung in der EKiR-Facebookgruppe `facebook.com/groups/314932988592804`:

> „Liebe Mitdenkerinnen und Mitdenker, in Kooperation mit den Kolleginnen und Kollegen aus den Landeskirchen Westfalen und

Lippe wollen wir für unsere rheinische Landeskirche Social Media Guidelines erarbeiten.

Social Media Guidelines können nicht im stillen Kämmerlein oder im Elfenbeinturm erarbeitet werden, sondern müssen auch in den sozialen Netzwerken selbst diskutiert werden. Daher bitten wir Euch um Eure Mithilfe. Wir hatten bereits eine erste Gesprächsrunde mit den Zuständigen hier im Landeskirchenamt, nun freuen wir uns auf einen offenen Diskussionsprozess im Web, bevor die Gremien dann weiter beraten. Deshalb haben wir mit den Kolleginnen und Kollegen der beiden anderen NRW-Landeskirchen ein offenes GoogleDocument aufgesetzt. Ihr seid eingeladen, dort Eure Überlegungen und Ideen für Social Media Guidelines oder Euer Feedback als Kommentar einzutragen. Wir haben uns für diesen offenen Diskussions- und Feedbackprozess ein Zeitfenster von vier Wochen gesetzt. Danach werden wir den Inhalt und die Kommentare sichten, gewichten, ggf. nochmals überarbeiten und dann in die entsprechenden Gremien einbringen. Wir freuen uns, wenn viele von Euch sich beteiligen."

6.3 Social Media Guidelines to go

Es gibt mittlerweile vieles *to go*, den bekannten Kaffee, aber auch andere Lebensmittel, *to go* scheint ein Synonym für zum Mitnehmen geworden sein. Klar, der To-go-Kaffee geht nicht, er bewegt sich nichtmals, sondern wird getrunken. Bei Social Media Guidelines, kurz SMG, ist es ähnlich, sie gehen nicht, allerdings gilt für ihre Erstellung: Der Weg ist das Ziel, was bekanntlich schon Konfizius sagte. Viel ist erreicht, wenn man sich in einer Einrichtung darauf einlässt, gemeinsam zu erarbeiten, was bei Social-Media-Kommunikation zu beachten ist. Das geht eben nicht *par ordre du mufti*, solche Guidelines zu verfügen oder mit *Copy & Paste* sie sich im Web zusammenzuklauben, sondern man muss sie in einem Prozess erarbeiten. Hat man am Ende eines solchen Prozesses diese dann in den Gremien verabschiedet, kann man sie nicht abheften, sondern muss sie regelmäßig updaten, sofern sie nicht nur abstrakte Allgemeinplätze enthalten. Das Social Web verändert sich schnell, technische Veränderungen können z.b. datenschutzrechtliche Konsequenzen haben, die dann ein anderes Verhalten erfordern. Daher: Das Social Web ist in Bewegung, deshalb sind auch Social Media Guidelines nicht in Stein gemeißelt, sondern eben *to go*.

Kürzlich erhielt ich eine Anfrage: „Kennen Sie einen Referenten, der zu unserem Vorstandsworkshop kommen kann, denn wir wollen auf der Tagung Social Media Guidelines beschließen." Den Referenten habe ich empfohlen, in der Hoffnung, dass er dem Vorstand darlegt, dass man so eben keine SMG erarbeiten kann.

Im Folgenden daher ein Update, wo wir in der Rheinischen Kirche mit unseren SMG stehen.

Wir haben unseren Entwurf der SMG veröffentlicht, mit dem wir in die Gremienberatung gehen werden.

Vor einem knappen Jahr haben wir mit dem Prozess begonnen, SMG zu erarbeiten. Innerhalb des Landeskirchenamtes haben wir aus den Abteilungen bzw. Dezernaten (Schule, Bildung, Recht, Personal, Seelsorge, Datenschutz, IT-Recht, Presse/Öffentlichkeitsarbeit) zu einem Konsultationstreffen eingeladen und einen Aufschlag gemacht.

Das Ergebnis: Wir machen SMG für alle Mitarbeitenden in der EKiR: Pfarrerinnen und Pfarrer, Lehrerinnen und Lehrer, Jugendleiterinnen und -leiter und schließen dabei ehrenamtlich Mitarbeitende ein. Wir fangen nicht bei Null an, die SMG der Deutschen Bischofskonferenz können uns als Ausgangspunkt dienen, wir sichten aber auch Guidelines aus der europäischen Ökumene. Wir binden die Netzcommunity in einen transparenten Prozess der Erarbeitung der SMG ein. Neben Guidelines bedarf es gleichzeitig auch entsprechender Fort- und Weiterbildungsangebote, um Medienkompetenz fördern

Als sehr positiv erwies es sich, dass die westfälische Landeskirche zeitgleich auch SMG erarbeiten wollte und über den Medienbeirat der NRW-Kirchen verabredet wurde, diesen Prozess gemeinsam zu gehen, also gemeinsame Social Media Guidelines für die Landeskirchen Rheinland, Westfalen und Lippe zu erarbeiten.

Die Einbindung der kirchlichen Netzcommunity erreichten wir, indem wir über Blogs, Facebook und Twitter zur Mitarbeit an einem offenen Google-Dokument einluden.

Auch ohne Registrierung und anonym konnte man am Dokument mitschreiben, bemerkenswert: es gab keinen Vandalismus, wir mussten an keiner Stelle über die Versionskontrolle auf einen vorangegangen Zustand zurückdrehen.

Ergänzend gab es dazu auch eine Diskussion in der Kohlenstoffwelt an einem offenem Social Media Round Table, zu dem wir u.a. über Facebook einluden.

Der so erarbeitete Text wurde von den Internetbeauftragten der beiden großen NRW-Kirchen redaktionell sortiert und redigiert [27].

Mit dem so erarbeiteten Text gehen wir nun in die Gremien der Landeskirchen zur Beratung und Beschlussfassung, dabei werden sicherlich noch weitere Abstimmungsprozesse laufen. Im Textentwurf steht ein Platzhalter für einen Link, der auf ein Datenschutzpapier verweisen soll. Ob dies per Link geht oder ob Datenschutzaspekte noch ausführlicher eingearbeitet werden können, dazu laufen gerade Klärungen mit der entsprechenden EKD-Referentenkonferenz.

Wichtig war und ist Transparenz und die Möglichkeit der Partizipation während des gesamten Prozesses, denn nur so können die SMG Akzeptanz gewinnen.

6.4 Freunde im Abo oder darf man Freundschaftsanfragen ablehen?

In der Kohlenstoffwelt haben wir es gelernt, Nähe zuzulassen und Distanz zu wahren. Es gibt unzählige Regeln (die für Ausländer oft nur schwer zu verstehen sind), wann man wen duzt und wen man besser siezt. In Online-Foren ist man dagegen schnell per Du und man befreundet sich viel eher. Aber wie sagt man jemand, dass man mit ihm oder ihr nicht befreundet sein will?

Es ist bezeichnet, dass unter den ersten Google-Treffern zu „Knigge - Freundschaft - ablehnen" zwei Frauenzeitungen mit ihren Online-Ausgaben sind. Ist es unhöflich, eine Freundschaftsanfrage oder einen *friend request* abzulehen? Amica antwortet lapidar [23]:

> „Es ist okay, eine Freundschaftsanfrage zu ignorieren. Eine sorgfältige Freundschaftswahl erhöht die Bedeutung der Verbindungen."

Löschen oder ignorieren — wie gehe ich damit um? Jedes Netzwerk hat da seine eigenen Regeln, die teilweise auch von den technischen Gegebenheiten abhängen. Auf Twitter kann man einfach jemand folgen — allerdings hat der Inhaber bzw. die Inhaberin des Twitter-Account die Möglichkeit, lästige Follower zu sperren. In Facebook muss man die Freundschaftsanfragen annehmen bzw. ablehnen, Google+ operiert mit Kreisen, bei denen das Gegenüber nicht erfährt, wie ich ihn oder sie eingruppiere.

Die Regel lautet, mache Dich mit den technischen Möglichkeiten Deines Netzwerkes vertraut und denke daran, dass diese nicht für die Ewigkeit sind, sondern sich ändern können. Dies gilt besonders für Pfarrerinnen und Pfarrer: man braucht sich nicht mit jemand zu befreunden, um gemeinsam in einer Gruppe zu sein. Wenn der gemeinsame Austausch in einer Gruppe (z.B. zum Konfi-Unterricht) das Ziel ist, benötigt man dazu keine Freundschaftsbeziehung.

In der Seelsorge-Ausbildung lernen Pfarrer und Pfarrerinnen eine annehmende Grundhaltung einzunehmen — dazu passt das Ablehnen einer Freundschaftsanfrage nicht. Aber diese nur anzunehmen, weil ich keine Kraft habe, diese abzulehnen, ist mit Sicherheit auch nicht der richtige Weg.

Es ist so oft gesagt worden, dass ich mich kaum traue, es zu wiederholen. Eine Facebook-Freundschaft entspricht natürlich nicht einer Freundschaft in der Kohlenstoffwelt. Was aber ist ein *friend request* auf Facebook? Eine Bekanntschaft? Eine Kontaktanfrage? Muss ich meine Facebook-Friends auch in der Kohlenstoffwelt kennen? Oder nehme ich jede Anfrage an und sortiere mir kaum bekannte Menschen in entsprechende Listen ein, die dann auch nur das von mir erfahren, was ich sowieso öffentlich mache?

Jede und jeder muss hier ihren und seinen Weg finden, allerdings sollte man konsistent und transparent sein. Entweder nimmt man als Pfarrerin oder Pfarrer alle Freundschaftsanfragen von Presbyteriumsmitgliedern an oder man nimmt keine an. Es schafft mit Sicherheit Unfrieden, wenn man abhängig von der jeweiligen Tagesform mal *Annehmen* und mal *Ablehnen* klickt.

Wenn man persönlich restriktiv mit Freundschaftsanfragen umgehen will, gibt es auch diese Möglichkeit: Man lehnt die Anfrage ab, erklärt kurz, dass man den Friend-Status nur engen Freunden vorbehalten möchte und lädt gleichzeitig ein, dass man stattdessen den Newsfeed abonnieren kann. Statt Freundschaft lädt man zum Abo ein — dies ist mit Sicherheit eine Alternative.

Also wieder das A und O: ich muss wissen, welche Möglichkeiten das jeweilige Netzwerk hergibt und wie ich dieses nutzen kann. Wenn ich also jemand zum Abo einlade, muss ich diese Möglichkeit auch bei mir freigeschaltet haben. Dann ist dieses Abo aber eine Alternative zu Freundschaftsanfrage. Wenn jemand mich gut findet, kann er oder sie meine Posts als Abo haben, ohne dass wir befreundet sein müssen.

Wie geht das? Dies erklärt der Blogpost *Facebook und die Freundschaftsanfragen, Abonnements und was das eigentlich ist* [67].

6.5 Facebook im Konfi?

Letzte Woche wurde ich auf diese Idea-Meldung [9] aufmerksam, dass eine hessische Pfarrerin Facebook zur Begleitung des Konfirmandenunterrichts verwendet:

> „Die Pfarrerin Sabine Koch in Kurhessen-Waldeck macht positive Erfahrungen mit Facebook. Sie hatte festgestellt, dass alle acht Konfirmanden als Mitglieder registriert waren. Sie habe dort eine ‚geheime Gruppe' gegründet, deren Beiträge nur von den eingetragenen Mitgliedern angesehen werden können. Nun lade sie per Facebook zum Unterricht ein und verweise auch auf Internetadressen zur Vorbereitung des jeweiligen Themas. [...] Sie habe erlebt, dass sich nach dem Unterricht Diskussionen über ernsthafte Themen ergeben hätten, etwa zu ‚Sterben und Tod'. Unter anderem wurde gefragt: ‚Sind wir nicht eigentlich noch zu jung, um über den Tod zu reden?' Die Pfarrerin: ‚Ich glaube, im Unterricht hätten sich die Konfirmanden nicht getraut, darüber zu sprechen. Am PC hatten sie die nötige Distanz und konnten dennoch in die Tiefe gehen, weil sie wussten, dass da die Nachrichten nur von der Gruppe gelesen werden können.'"

Facebook als didaktisches Tool? Zwar bietet die evangelische Kirche eigene Online-Tools zur Unterrichtsunterstützung (z.B. auf `rpi-virtuell.de`) an, die religionspädagogisch gesehen einen höheren Nährwert haben, aber das Bestechende an Facebook ist: jeder und jede hat's. Oder doch nicht alle?

Zunächst: Anscheinend waren alle Konfis des Jahrgangs bei Facebook angemeldet, bevor die Pfarrerin begann, Facebook auch für den Unterricht zu nutzen. Ein Glückwunsch an die Kollegin, dass sie weiß, wo und wie Konfis zu erreichen sind.

Ich stelle mir die Frage, hätte ich das als Pfarrer auch gemacht? Und als Vater einer Konfirmandin frage ich mich: fände ich das gut, wenn sehr persönliche Kommunikation meiner Tochter über Facebook läuft?

Ich habe weitere Fragen:

- Meine Erfahrung ist, dass nicht alle Jugendlichen in diesem Alter über ausreichend Medienkompetenz verfügen, um entsprechende Privatsphären-Einstellungen richtig zu setzen. Was ist wirklich „geheim" bzw. vertraulich bei Facebook? Gerade wenn es das Ziel der Facebook-Nutzung für den KU ist, bestimmte Themen, die für ein Face-to-

Face-Gespräch zu nah sind, online anzusprechen, muss ein entsprechend geschützter Raum vorhanden sein. Dies ist bei den Standard-Einstellungen in Facebook m.E. so nicht gegeben. Wie kann ich das dauerhaft als Unterrichtender sicherstellen?

- Kann Facebook überhaupt als „geschützter Raum" angesehen werden? Wem gehören die Daten? Was bedeutet es, wenn ich zu einem existenziellen Thema, über das ich mich auf Facebook unterhalte, entsprechende Werbung eingeblendet bekomme? Wem „gehören" die Inhalte, die ich erstelle?

- Im konkreten Fall ist bereits die gesamte Konfi-Gruppe bei Facebook. Wie gehe ich damit um, wenn nicht alle Mitglieder des Konfi-Jahrgangs Facebook nutzen können oder wollen. Z.B. ist nach den AGBs die Nutzung von Facebook erst ab 13 Jahren erlaubt, es gibt aber auch zwölfjährige Konfirmandinnen und Konfirmanden. Oder die Eltern gestatten aus durchaus nachvollziehbaren Gründen ihren Kindern keine Facebook-Nutzung. Kann man generell ein Medium im Unterricht nutzen, bei dem einige Konfis ausgeschlossen sind? Ist es legitim, dass durch die unterrichtliche Nutzung ein entsprechender Gruppendruck zur Facebook-Nutzung entsteht - denn: „alle haben ja Facebook".

- Wer Facebook in der Gemeindearbeit nutzt, „befreundet" sich oft miteinander. Was bedeutet es, wenn der Pfarrer nun „Freund" seiner Konfirmandinnen wird? Oder umgekehrt: die Pfarrerin „Freundin" ihrer Konfirmanden. Wie sieht hier Nähe und Distanz aus?

- In ihrer Medienarbeit beruft sich die Kirche auf die Verbindung von Artikel 4 und 5 des Grundgesetzes, die Religionsfreiheit damit verknüpft, sich „aus allgemein zugänglichen Quellen ungehindert zu unterrichten", daher rühren z.B. auch die Drittsenderechte der Kirchen im Rundfunk. Was bedeutet es für den Öffentlichkeitsauftrag der Kirchen, wenn sie dann auf eine Plattform setzen, die nur nach Registrierung alle Funktionalitäten und Informationen bietet?

Fragen, auf die ich (auch) keine schnelle Antworten habe. Andererseits: wenn wir darauf warten, bis alle Fragen geklärt sind, könnten wir bis zum jüngsten Gericht in Untätigkeit verharren, nur um keine Fehler zu machen. Was machen wir in der Zwischenzeit? Ich hoffe, wir gehen verantwortlich mit den sozialen Kommunikationsmitteln um, haben Problembewusstsein und wir bringen unsere verschiedenen Erfahrungen in einen Lernprozess ein.

Kommentare

Nur schnell zum letzten Punkt mal etwas zugespitzt Formuliertes: Wie „allgemein zugänglich" sind denn tatsächlich Zeitung, Radio, Fernsehen? Kostet alles Geld, was nicht unbedingt jede/r hat. Facebook kann man mit dem bezahlen, was tatsächlich jede/r hat: Seinem Namen und seinen Daten und ggf. dem Investment an Zeit, sich Werbung anzuschauen.

* * *

Facebook ist genauso viel oder wenig ein didaktisch nutzbares Tool wie ein Telefonapparat oder eine Fotoalbum. Ich denke, dass die Erfahrung der Kollegin mit der (geheimen) Online-Gruppe durch zahlreiche Erfahrungen andere Kollegen bestätigt werden kann, die über Foren, Online-Gruppen, ICQ den wöchentlichen Unterricht räumlich und zeitlich entschränkt haben. Gut überlegt werden sollte, ob Unterrichtende durch die Nutzung des Jugendmediums Facebook (genau wie ICQ oder SchülerVZ) gezielt in die eigenen Räume der Jugendlichen eindringen, um dort ihre pädagogischen Ziele zu verfolgen. Das Setting klärt für mich zu wenig, wie weit hier die Grenzen vorher geklärt worden sind.

Pfarrer auf Facebook? Einige persönliche Erfahrungen scheinen die genannten Überlegungen zu bestätigen. Befreundete Pastoren in den USA nutzen Facebook sehr intensiv, um Kontaktmöglichkeiten zu ihren Gemeindemitgliedern anzubieten. Viele von ihnen haben mehrere 1000 „Freunde". Als Tool zur Kontaktpflege scheint Facebook durchaus geeignet zu sein, täuscht aber möglicherweise auch nur Beziehungsdichte vor, die durch ein einmaliges das „Freund hinzufügen" zustande gekommen ist und in Wirklichkeit substanzlos bleibt. Andererseits hat es etwas Konfessionelles, wenn Menschen einen Pastor zum Freund haben und sich als Mitglieder oder Sympathisanten einer Kirche outen.

Ich verstehe Facebook als Marktplatz, auf dem sich Menschen, Gruppen und Verkäufer inszenieren. Und natürlich muss auch der Pastor dort zu finden sein.

Skeptisch sehe ich jedoch Versuche, Facebook selbst zum Tempel oder dessen Vorhof machen zu wollen, nicht nur wegen der Händler.

Es braucht identifizierbare Orte, zuverlässige und vertrauenswürdige Knotenpunkte im Netz, die unabhängig von den gegenwärtig alles bestimmenden Vermarktungsinteressen Informations-, Lebens- und Lernräume anbieten. Ohne solche eindeutigen Orte, ohne Häuser, Kirchen und Einrichtungen, ohne substanzielle Profilierungen ist Engagement auf dem Marktplatz möglicherweise nur Rummel.

* * *

Wie schnell einen die Realität einholt: Ich frage unsere älteste Tochter, die selbst den Konfirmandenunterricht besucht, was sie denn von Konfi über Facebook gestern wäre und sagt: „Wenn wir wissen wollen, ob Konfi ausfällt, dann schauen wir auf Facebook rein." — und natürlich ist sie mit ihrer Pfarrerin „befreundet".

* * *

Beim Lesen des Artikels dachte ich an „Serendipity": Vielleicht haben die Kids in der Gruppe auf Facebook etwas gefunden, was sie auf Facebook gar nicht gesucht oder erwartet haben... Vermutlich hat jedeR PfarrerIn Kanäle und Konzepte, um die Konfis zu erreichen. Dazu gehören dann auch unterschiedliche Orte bzw. Medien. Gehört Facebook zum Konzept der KU, bitte ich als Vater aber doch um vorherige Information. Und dann steckt die Pfarrerin auf einmal mitten im Gespräch: Wer oder was ist ein „Freund" auf Facebook? Und warum hat das Pfarrerinnen-Profil auf Facebook so viele Freunde, das persönliche Profil aber nicht? Wieviel bin ich bereit in der Öffentlichkeit von mir preis zu geben? Und wie kann ich mich auf Facebook und anderswo schützen? Letztlich: Wie bewege ich mich verantworlich — nicht nur in der virtuellen — Welt?

6.6 Nähe und Distanz in sozialen Netzwerken: Freunde in der Gemeinde?

Im 15. Kapitel des Johannes-Evangeliums bezeichnet Jesus seine Jünger als seine Freunde. Innerhalb der Gemeinde spricht man dagegen meist von Schwestern und Brüdern. Geschwister kann man sich nicht aussuchen, Freunde schon. Auf Facebook, dem weltweit größten sozialen Netzwerk, lässt sich das Verhältnis verschiedener Nutzer inzwischen weiter differenzieren, der aus dem (amerikanischen) Englisch stammende Begriff *friend* bzw. Freund ist jedoch prägend, wenn Menschen über Facebook eine Beziehung aufnehmen, sich befreunden.

„Das sind nur Freunde von Deiner Arbeit, ich aber habe echte Freunde", sagte meine Tochter, als sie ein Blick auf den Bildschirm warf, während ich bei Facebook online war. In diesem Satz drückt sich für mich das Dilemma aus, wenn ich Facebook (und andere soziale Netzwerke) beruflich nutze. Wen habe ich als Freund bzw. Freundin? Wieviel legt mein Gegenüber in diesen Begriff Freund hinein? Was lege ich hinein? Kolleginnen und Kollegen lassen sich nicht aussuchen, Gemeindeglieder auch nicht, wie reagiere ich daher auf Freundschaftsanfragen? Einfach zustimmen, sobald ich den oder die Anfragende kenne? Oder die Anfrage nur bei Sympathie bejahen? Oder sortieren, wer ein *echter* Freund bzw. Freundin ist? Oder einfach alle ignorieren, damit ich alle gleich behandle oder lasse ich nur Menschen aus meinem privaten Umfeld zu?

Freundschaft ist in der Regel symmetrisch, wenn Herr Müller mit Herrn Meyer befreundet ist, dann ist es auch Herr Meyer mit Herrn Müller. Die meisten Beziehungen sind jedoch asymmetrisch, wie z.B. Lehrer/Lehrerin zu Schüler/Schülerin oder auch mit der Pfarrerin oder dem Pfarrer in der Gemeinde.

Die Pastorin oder der Pastor macht Hausbesuche und betritt selbstverständlich das Wohnzimmer der Gemeindeglieder. Erhält er oder sie selbst Besuch, lädt er oder sie die Gemeindeglieder dagegen in der Regel ins Amtszimmer ein. Wie mache ich das, wenn Facebook mein digitales Zuhause ist? Wohin geleite ich meine Kontakte? Was entspricht dem digitalem Wohnzimmer und was dem digitalem Amtszimmer?

Was zeige ich wem von mir? Welche Erwartungen bestehen an mich, wenn mich jemand zum Freund im sozialen Netz hat? Was will ich selbst von jemand anders überhaupt sehen? Auch wenn man mittlerweile in sozialen Netzwerken differenzieren kann, was man mit wem teilt, die Frage

6.6 Nähe und Distanz in sozialen Netzwerken: Freunde in der Gemeinde?

bleibt dieselbe, es geht um Nähe und Distanz. Ich kenne Kollegen, die sich ihre Freunde bewusst außerhalb der Gemeinde suchen, damit sie in der Gemeinde eben Pfarrer und nicht Freund sind.

Daher fand ich beim Start *Google+* besonders charmant, denn hier wurde von Anfang an deutlich, ich kann (und ich muss) bestimmen, wer was von mir sieht und mein Gegenüber bestimmt dies auch für sich. Jeder definiert für sich, in welchen Kreisen oder *Circles* die eigenen Online-Kontakte sind.

Will ich überhaupt alles wissen, was in der Gemeinde läuft? Wie verläuft Kommunikation in der Gemeinde? Sollen die Pfarrerin oder der Jugendleiter zum Informationsbroker in der Gemeinde werden, mit dem Ziel on- und auch offline Beziehungsarbeit zu organisieren?

Oder brauchen wir geschützte, voneinander gekapselte Räume im sozialen Netzwerk der Gemeinde?

Diese Fragen sind nicht neu, aber soziale Netzwerke stellen sie erneut. Bevor ich Freundschaftsanfragen mit einem Klick annehme oder ablehne oder einfach ignoriere, ich brauche eine Strategie für mich und die Gemeinde braucht sie auch.

Kommentare

Nach meinem Empfinden gibt es sehr unterschiedliche Formen, wie Freundschaft als Begriff verwendet wird. Für die erklärte Freundschaft, wie ich sie auch noch in der analogen Welt pflege, mit viel Pathos und männlicher Rührung geschlossen, gilt sicher diese Symmetrie.

Was aber das Erleben der Beziehungen von Pfarrerin/Pfarrer und Gemeindegliedern angeht, so habe ich Zweifel, ob hier nicht die Asymmetrie in der realen Welt ebenso herrscht, die Facebook an dieser Stelle enttarnt.

Ich weiß noch, wie empört ich als Jugendlicher war, als der neue Pfarrer den Konfi-Teamern das automatische „Du" verwehrte. Es würde mich nicht wundern, wenn es Gemeindegliedern heute anders ginge. Wir widmen uns in unserem Beruf Menschen intensiv und mit ganzem Einsatz. Das stößt bisweilen vielleicht auf größere Resonanz, als wir auf Dauer bieten können.

Ich habe Zweifel, ob soziale Netzwerke das leisten können, was in den realen Beziehungen nicht gelingen kann, weil wir Menschen mit begrenzter Kraft sind. Wer unter den Kolleginnen und Kollegen hat nicht irgendwo die Liste der Menschen, die mal wieder besucht werden könnten, die sich über eine Nachricht freuen würden.

In der privaten Nutzung finde ich, dass soziale Netzwerke sehr begrenztes Potenzial haben, die „echten"

Begegnungen zu unterstützen. Sie erfordern ja auch Zeiteinsatz, Zeit, die ich nicht mit realen Begegnungen verbringe, sondern am PC. Ersetzen können sie die wirkliche Begegnung nicht. Ich wage zu behaupten: Das gilt erst recht für das Gemeindeleben und für die Seelsorge gilt es im Besonderen. Vielleicht führt es ja gar zu zusätzlicher Enttäuschung, wenn der Pfarrer Zeit hat, die Ergebnisse des Konfi-Cups zu posten, mich aber nicht besucht, wo ich doch schon so lange warte.

* * *

Meiner Meinung nach kann über die Frage nach Nähe und Distanz in den sozialen Netzwerken wie Facebook oder Google+ jeder selbst entscheiden. Hierfür sind diverse Einstellungsmöglichkeiten vorhanden. Einstellung der Privatsphäre, Liste oder Circles. Jeder kann für sich selbst entscheiden, was er wem „zeigen" möchte. Die Nähe in den sozialen Netzwerken sehe ich also als große Chance für Kirchengemeinden. Dies gilt nicht nur für die interne Kommunikation, sondern v.a. für die Außenwirkung einer Gemeinde. Ehrenamtliche bzw. aktive Gemeindemitglieder sind Schlüsselpersonen der Öffentlichkeitsarbeit. Gerade die Nähe in Facebook & Co versetzt jedes Gemeindemitglied in die Lage, Freunde und Gemeindemitglieder am Gemeindeleben teilhaben zu lassen. Dieses Potenzial könnte von vielen Gemeinden sicherlich noch besser genutzt werden.

6.7 Im Talar auf Facebook?

Wie sollen Pfarrerinnen und Pfarrer sich online zeigen? Im Talar? Mit Kollar? Oder privat leger? Das hat einerseits etwas mit der Tradition und Konfession zu tun, ist aber auch eine Grundsatzfrage: Als wer bin ich im Internet und sozialen Netzwerken präsent? Dazu läuft eine Diskussion bei `evangelisch.de` [56]. Auch wenn einige Randaspekte etwas schräg diskutiert werden, die Grundfrage bleibt: wie zeigen sich Pfarrerinnen und Pfarrer und andere kirchliche Mitarbeitende am besten im Netz?

Mit Kay Wick, er ist Pfarrer in Hessen-Nassau, habe ich während seines Studiensemesters diskutiert, wie er sich als Pfarrer auf Facebook vorstellt. Er hat sich dann doch für ein Foto im Talar entschieden. Damit macht er deutlich, er nutzt sein Facebook-Konto nicht als Privatperson, sondern als Gemeindepfarrer. Beim Talar im Facebook-Profilfoto geht es natürlich nicht darum, das soziale Netz liturgisch zu überhöhen oder hochkirchliche Bestrebungen zu verwirklichen, sondern um Transparenz gegenüber den Facebook-Usern: hier kommuniziert jemand als Pfarrer — und eben nicht hauptsächlich als Privatperson.

Auf der anderen Seite: wer Kay Wick als Facebook-Freund hat, zeigt in seiner Freundeliste nun einen Pfarrer — und wird vielleicht von seinen Friends darauf angesprochen, was er selbst denn mit Kirche zu tun habe. So kann ein Foto Kreise ziehen.

Inwieweit sich solch eine Trennung zwischen Funktion und Privatperson in sozialen Netzwerken durchhalten lässt, steht auf einem anderen Blatt, durch ein entsprechendes Foto ist aber auf jeden Fall ein Signal gesetzt.

7
Facebook in Gemeinde und Kirche

7.1 @PastorInnen: Geht zu Facebook!

„Kann es eine missionarische Volkskirche ohne Facebook geben?", lautete die Frage auf dem 4. Medientag der Landeskirche Hannovers zu Kirche und Social Media.[1] Nein, wenn Kirche in sozialen Netzen kommunizieren will, muss sie auch Facebook nutzen — und ohne Kommunikation kann man nicht missionarisch sein.

Da war unter den Podiumsgästen (unter denen ich auch sein durfte) schnell Einigkeit hergestellt. Doch nach einer Runde hin und her kann man keine Diskussion beenden — daher stehen in den weiteren Runden dann nicht der Konsens, sondern die Meinungsunterschiede im Vordergrund.

Auf Wolfgang Lünenburger-Reidenbachs Forderung, alle Pastorinnen und Pastoren, alle Bischöfe und Bischöfinnen müssten auf Facebook präsent sein, ergibt sich zwangsläufig die Frage an Ralf Meister, warum er bei seiner Wahl zum Bischof sich aus Facebook zurückgezogen hat. Gegenteilig hat sein bayerischer Bischofskollege Bedford-Strom reagiert, der beim Amtsantritt als Bischof eine Facebook-Fanpage begonnen hat. Ralf Meister argumentiert differenziert, in einer neuen Funktion einfach so weiterzumachen mit Facebook, ohne vorher zu wissen, welche Ressourcen das kostet und was dies für das Amt bedeutet, das ginge nicht, deshalb habe er sich abgemeldet.

---

[1] 4. Medientag am 12. November 2012 in Osnabrück, vgl. www.landeskirche-hannovers.de/evlka-de/wir-ueber-uns/weitere-einrichtungen/emsz-de/oeffentlichkeitsarbeit/4_medientag.

Dann kommt, was bei Protestanten unweigerlich kommen muss: eine Runde Medienkritik und Medienethik. Wenn mir persönlich Ralf Meister auch zu kulturpessimistisch argumentiert, war die Diskussion jedoch nicht flach und verkam nicht zum reinen Facebook-Bashing, wie leider sonst so oft.

Natürlich werfen soziale Netzwerke auch theologische Fragen auf, aber so Meister auf Nachfrage, dürfe die Klärung anthropologischer und ekklesiologischer Fragen nicht dazu führen, dass man in der Kirche untätig abwarte.

Persönlich spannend fand ich die Frage zum Verhältnis Person — Institution und Erinnerungskultur. Soziale Netzwerke bilden Kommunikation zwischen Personen ab, die Institution tritt in den Hintergrund. Andererseits haben sich Institutionen ausgebildet, um Inhalte über die einzelnen Personen hinaus weiterzugeben. Die Kirche als Institution ist auch Garantin der biblischen Überlieferung. Wie verändert sich die Weitergabe der christlichen Botschaft, wenn sich die Kirche als Institution in soziale Netze verflüchtigen würde? Wie würde das unsere Erinnerungskultur verändern?

In der Social Media-Handreichung der Protestantischen Kirche der Niederlande [21] heißt es, innerhalb der Kirche sehe eine Gruppe vor allem die Gefährdungen und eine andere Gruppe vor allem die Chancen. Wir brauchen aber einen realistischen Umgang mit Social Media in der Kirche. Wenn auch Wolfgang Lünenbürger-Reidenbach vielleicht etwas zu enthusiastisch war und Ralf Meister vielleicht etwas zu kulturpessimistisch, der Medientag hat dazu beigetragen, einen realistischen Blick auf Social Media zu gewinnen.

Spannende theologische und anthropologischen Fragen sind noch zu klären, aber gleichzeitig können wir schon handeln, also: @PastorInnen: Geht zu Facebook!

Kommentare

Ja, es gibt noch viel zu tun und theologisch zu diskutieren. Ja, ohne Kommunikation kann Kirche nicht missionarisch sein. Ja, Facebook ist auch gefährlich. Ich sage mir und anderen: Geh da rein und geh davon aus, dass Facebook im Blick auf Datenschutz und so weiter höchst kritisch zu sehen ist. Wenn du das aber berücksichtigst, dann ist das auch ein Ort für Christinnen und Christen, Pfarrerinnen und Pfarrer.

* * *

Ich kann der Ansicht und der Argumentation des Landesbischofs Ralf Meister nicht folgen. Ob er sich von einem „Kommunikations-Tsunami" mitreißen lässt oder „Banalitäten" postet, obliegt ja letztlich seiner Entscheidungsgewalt: damit lassen sich ja nicht pauschal soziale Netzwerke diskreditieren. Die Initiative, Geld für die Ausbildung von Pastoren in die Hand zu nehmen, halte ich nicht nur für sinnvoll, sondern für notwendig. Ich helfe da in der Landeskirche Hannover auch gerne weiter @Ausbildung.

7.2 Facebook-Titelbilder: Ein echter Prädikant

Was soll, was kann ein Coverbild für eine kirchliche Facebook-Fanpage (konkret: facebook.com/ekir.de) zeigen? Was geht? Was nicht? Zum einen macht Facebook selbst Vorgaben. Das betrifft sowohl die inhaltliche Gestaltung (z.B. keine Texte auf dem Foto), aber auch das Format. Bestimmte Motive gehen wegen des Querformates einfach nicht.

Viel schwieriger war jedoch die inhaltliche Abstimmung im Team, was wir auf unserem Titelfoto haben wollen.

Abb. 7.1. Facebook-Coverfoto der EKiR-Fanpage

Es ist ja auch eine Art Programm für die Facebook-Page. Wir konnten schnell sagen, was wir alles nicht wollten. Kein Kirchengebäude, denn bei Facebook geht es um Kommunikation von Menschen und nicht um Kirchenarchitektur. Außerdem waren wir bereit, uns auf *ein* Foto einzulassen; deshalb wollten wir diskutieren, was uns wichtig ist, und uns für eine Aussage entscheiden. Daher kam für uns auch ein Mosaik vieler Fotos nicht in Frage. Dies wäre nur eine Kompromisslösung, weil wir uns nicht hätten entscheiden können.

Also: Welches Foto? Eine Stockfoto-Recherche führte uns zwar zu guten Bildmotiven, aber sie gingen nicht für die rheinische Kirche. Berge im Hintergrund sind eben nicht rheinisch oder eine Pfarrerin mit lutherischem Beffchen wirkt nicht identitätsstiftend für eine unierte Kirche mit reformiertem Einschlag.

Eine Konsequenz der Bildersuche in Datenbanken: wir wissen nun, wir wollen ein „echtes" Foto. Cool wäre ein Open-Air-Gottesdienst. Dann hätten wir feiernde Menschen und auch einen Gottesdienst, also die Aussage, Verkündigung ist uns wichtig. Ein blauer Himmel und Sonnenschein würden sich auch atmosphärisch gut machen. Allerdings lässt sich Sonne in diesem Sommer nicht bestellen und ein verregneter Gottesdienst sähe nun wirklich nicht einladend aus. Außerdem: ein Sonnen- oder Sommerfoto müsste im Herbst auf jeden Fall gewechselt werden.

Also doch eine Innenaufnahme: eine Kirche, aber von innen. Gemeinde mit Chor würde die Kirchenmusik zu stark betonen. Nur Gemeinde? Oder mit Pfarrer? Oder auf jeden Fall eine Pfarrerin? Beim Gebet? Oder beim Segen?

Mit der Kirche haben wir Glück, Fotoaufnahmen in der Gemarker Kirche in Wuppertal ließen sich unproblematisch organisieren. Auch wenn wir in der rheinischen Kirche keine Hauptkirche haben, Gemarke steht für Barmen und die Barmer Theologische Erklärung ist grundlegend für unsere Kirche.

Wir fragen noch in unserer Facebook-Gruppe nach. Nur keine grauen Haare, geben uns unsere Gruppenmitglieder noch mit zur Foto-Session.

Da wir uns auf den Segen verständigt haben, sind wir auch beim Pfarrer bzw. der Pfarrerin, die oder der den Segen der Gemeinde zuspricht. Da wir keinen Schauspieler wollen, sind wir auf die angewiesen, die regelmäßig in der Gemeinde predigen und auch zum Foto-Termin können. Zufällig ist es ein Mann — können wir das unter Gendergesichtspunkten auch vertreten? Wie viele Personen brauchen wir für die Gemeinde? Wir unternehmen zwei Anläufe. Eine Frau und einen Jugendlichen wählen wir beim zweiten Mal aus. Als wir die Fotos zur Auswahl vorliegen haben, überlegen wir kurzfristig, doch nur den Geistlichen zu zeigen. Aber das wäre dann doch zu pastoral, wir wollen keine Pastorenkirche darstellen.

Was muss noch im Kirchraum zu sehen sein? Eine Altarbibel? Eine Kerze? Das Kreuz? Oder dürfen diese Gegenstände auch durch den Liturgen verdeckt sein? Was ist so wichtig, dass es unbedingt auf dem Bild sein muss? Gute Fragen, die wir fürs nächste Foto-Shooting alle beantworten wollen. Denn Facebook ist eine Baustelle, wie uns ein User schrieb, daher wissen wir um die Halbwertszeit bei Facebook, das gilt natürlich auch fürs Cover-Foto.

Als wir unser Titelbild online stellten, gab es „Gefällt mir"-Klicks und auch Fragen, die wir vorher im Team auch diskutiert hatten.

Auf eine Frage konnten wir jedoch schnell eine Antwort geben, so wollte jemand wissen: „Ist das ein echter Pfarrer?", und wir konnten gut rheinisch antworten: „Er ist ein echter Prädikant", denn eine Pastorenkirche ist die Evangelische Kirche im Rheinland nämlich nicht, auch wenn ein Talarträger auf ihrem Facebook-Titelfoto ist.

Kommentare

Immer wieder faszinierend, wieviel Gedanken Ihr Euch macht. Wenn man jede Kleinigkeit abstimmen muss, geht bestimmt viel Zeit den Bach runter. Dabei kann man das Bild auch einfach austauschen, wenn kein Konsens mehr darüber besteht! Ich finde das Bild drückt aber doch eine gewisse Fixierung auf Pfarrer aus. Auch wenn er kein Pfarrer ist, sieht er aus wie ein Pfarrer. Und unwillkürlich fragt man sich doch, ob das wirklich Kirche ist, ob der Pfarrer wirklich die Kirche ausmacht. Warum nicht ein Bild von der Gemeinschaft? Anderseits: Das mit dem Segen ist natürlich auch nett!

7.3 Braucht die Kirche Superpromoters?

Social Media Marketing und *Location Based Advertising* liegen voll im Trend auf der *dmexco12*, der führenden Messe für Digitales Marketing.[2] Natürlich lassen sich diese Trends nicht eins zu eins auf die Kirche übertragen, aber aktuelle Marketing-Trends können helfen, kirchliche Strategien für Öffentlichkeitsarbeit zu überdenken.

Location based Advertising und *Social Media Marketing*

Abb. 7.2. Ortsbezogene Werbung in Social Media

McDonald's oder Dunkin' Donuts liegen geo-kodiert für das *Location based Advertising* auf der Werbe-Karte vor; komme ich in die Nähe dieser Geschäfte, signalisiert mir dies mein Smartphone. Ich merke, dass ich hungrig bin und kaufe einen Burger oder ein Donut. Vielleicht bin ich nichtmals hungrig, aber die Werbung macht mir Appetit und ich hole mir etwas, worauf ich gerade Lust habe. Das Ziel der geo-basierten Handy-Werbung ist der unmittelbare Verkauf der Burger oder Donuts. Was, wenn auch Kirchen auf der Werbe-Karte registriert wären, was würden sie an den Mann oder die Frau bringen wollen? Wozu würden sie einladen? Zum Gottesdienst? Zur Andacht? Oder einfach nur zum Eintreten? Koppelt man noch die Werbung mit einem Coupon, lässt sich leicht der Erfolg der lokalisierten Handy-Werbung messen, man kann ausrechnen, ob sich

---

[2] Am 12. und 13. September 2012 auf dem Gelände der Koelnmesse, vgl. dmexco.de.

die Werbung lohnt. Was wäre ein Kirchenbesuch wert? Müsste man differenzieren zwischen Christen, Noch-Christen, Nicht-mehr-Christen oder Fast-Christen bzw. -Christinnen? Was wäre unser Produkt, das wir in der lokalen Filiale vertreiben? Man sieht, die Analogie ist schwierig.

Ein anderes Beispiel für *Social Media Marketing*. Ich sitze am Desktop-PC — vielleicht sogar im Büro — und sehe eine Werbung für Dunkin' Donuts oder McDonald's auf Facebook auf dem großen Bildschirm meines PCs. Werbung kann man dazu fast nicht mehr sagen, die Facebook-Kampagne hat vielmehr eine Geschichte kreiert, mir wird erzählt, was meine Freunde mit Burgern machen oder wie sie Donuts genießen. Ziel der Kampagne ist nicht, dass ich vom Schreibtisch wegrenne und zum nächsten McDonald's laufe oder ein Dunkin'-Donut-Franchise stürme, sondern die Marken McDonald's oder Dunkin' Donuts sollen gestärkt werden, ich erlebe sie positiv: Ich denke an BBQ bzw. der Duft von frischem Kaffee gepaart mit Zimt-Rollen steigt mir virtuell in die Nase. Welche Markenerfahrung würde sich mit Kirche verbinden? Welche Geschichte würde Facebook kreieren? Wie sähe ein virales Video für Kirche aus, das auf Facebook geteilt wird?

Location based Advertising für eine Filiale oder ein Franchise vor Ort funktioniert anders und hat andere Ziele als *Social Media Marketing* für eine Marke — wie es die Beispiele von McDonald's und Dunkin' Donut zeigen. Ich fände es spannend, dies einmal als Konzept für Kirche auszuprobieren. Vielleicht stünden beim *Location based Advertising* Einladungen zu konkreten Veranstaltungen einer Kirchengemeinde im Vordergrund, während beim *Social Media Marketing* Glaubenserfahrungen den Mittelpunkt bilden würden. Statt Marketing für „die Kirche" gäbe es ortsbasierte Werbung für eine Gemeinde und in sozialen Netzwerken würde für Glauben geworben. Wäre das eine Strategie?

Begeisterung des Superpromoters

„Klasse statt Masse", forderte Steffen Engelhardt in seinem Vortrag in der Speakers' Corner der `dmexco.de` in Köln. Damit man etwas in sozialen Netzwerken weitergibt, teilt, sharet, muss man begeistert sein. Auf die Begeisterung kommt es an, nicht auf die Größe der Gruppe der Begeisterten. Das Gegenteil von Begeisterung ist Empörung. Ob man aber begeistert oder empört ist, hängt wesentlich vom Erwartungslevel ab. Bei einer Telefon-Hotline ist man sogar dann schon begeistert, wenn sie nur ihre Arbeit erledigt, das Problem löst und man in keiner Warteschlange landet.

Wer von etwas begeistert ist, will das gerne mitteilen. Damit man aber die Begeisterung für ein Produkt jemand anders gut mitteilen kann, muss es sich in dreißig Sekunden erklären lassen, sonst wird es schwierig. Die Begeisterung verflüchtigt sich, wenn sie eines akademischen Vortrages zur Erläuterung bedarf.

Theologisch würde man das Elementarisieren des Glaubens nennen. Wie sieht christlicher Glaube aus, in dreißig Sekunden erklärt?

Social Media Marketing setzt hier ein, Leute, die von einer Sache begeistert sind, teilen das in ihren sozialen Netzwerken. Diese Superpromoters haben Reputation in ihrem Bereich erworben und geben ihren Enthusiasmus weiter, sie teilen ihre Begeisterung in den sozialen Netzen. Jedes Unternehmen braucht solch einen Pool von Superpromoters, sie sind extrem wichtig für den Umsatz, aber auch für Feedback — positives oder auch negatives.

Der Einsatz von Social Media bietet die Möglichkeit der Interaktion mit diesen Superpromoters, das Unternehmen kann mit ihnen in Dialog treten und sie in die Entscheidungsfindung integrieren. So sichert sich das Unternehmen ihre Expertise und unterstützt ihre Begeisterung, wenn sie bestimmte Produkte z.B. vorab erhalten.

Wer sind die Superpromoters des Glaubens? Engagierte Christenmenschen, die ihren Glauben gerne weitergeben — und nicht primär die, die es von Berufs wegen tun (müssen).

Wie rüstet die Kirche diese zu und fördert sie? Wie sieht die Kultur der Wertschätzung gegenüber denen aus, die in den sozialen Netzen den Glauben begeistert teilen?

7.4 Die Crux der Autoresponder

Facebook verdrängt Emails. Ich erlebe, wie in der Konfirmandenarbeit Pfarrerinnen und Pfarrer immer mehr auf Facebook setzen, um die Jugendlichen zu erreichen. Email ist für Teenager out. Wir bemühen uns, Kirche für den Einsatz von Social Media fit zu machen. Wir planen Tagungen und Fortbildungen für den Umgang mit Web 2.0, bevor uns das *Web 3D* oder das *Semantic Web* oder das *Social Web* überrollt, oder was auch immer nach der Version 2.0 kommt.

Das ist gut und wichtig, allerdings sollten wir einen realistischen Blick behalten, was geht und was noch nicht geht, und wo wir stehen — einen Reality Check durchführen.

Mediennutzung und Medienkompetenz ist in der Kirche, dies dürfte aber für viele andere Organisationen auch gelten, weit gefächert. Auch wenn es den Twitter-Pfarrer gibt oder die Jugendleiterin, die über Facebook mit ihren Gruppen kommuniziert, bedeutet dies noch lange nicht, dass alle kompetent übers Internet kommunizieren. Dies wurde mir mehrfach deutlich, als ich in diesen Tagen Mails an einen größeren Verteiler sendete. Dass man zur Herbstferienzeit auch Urlaub macht, sei jedem gegönnt, dafür gibt es auch Abwesenheitsnachrichten.

Es geht um Medienkompetenz, wie ich einen Autoresponder gestalte. Oder ist es nur Unachtsamkeit, die sich bei einigen Abwesenheitsnachrichten zeigt? Bevor ich für die nächsten zwei Wochen einen Autoresponder scharf stelle, sollte ich ihn lieber einmal selber testen.

```
Guten Tag - und danke für die Mail,
die jedoch nicht vor dem 25. Oktober 2012 gesichtet werden
kann und auch nicht weitergeleitet wird.

Für ganz Dringendes wären vielleicht die zentralen Büros
ansprechbar.
```

Manche dieser sogenannten Autoresponder teilen mir nur mit, dass der Empfänger bzw. die Empfängerin meiner Email bis zum Datum X in Urlaub ist und diese Email nicht liest. Punkt. Kein Hinweis auf eine Vertretung. Was mache ich mit dieser Information? Warten, bis der Urlaub zu Ende ist? Oder darauf, dass sich bis dahin der Grund meiner Mail durch Zeitablauf erledigt?

Wie wirkt diese automatisierte Antwortmail auf jemanden, der oder die ein dringliches Anliegen hat?

Was heißt eine solche Mail auch für meine eigene Arbeit, wenn ich niemanden benennen kann, der oder die mich notfalls vertreten kann? Es geht nicht nur um Medienkompetenz, sondern schlicht um die Fähigkeit, sich in andere Menschen hineinzudenken.

Unsere Botschaft — das Evangelium — sagt doch, dass jeder und jede wichtig ist. Dies scheint aber häufig nicht zu gelten, wenn man sich per Email an kirchliche Mitarbeitende wendet und deren Autoresponder empfängt.

Es ist gut über Partizipation zu reden und Strategien fürs Mitmachweb oder soziale Netze zu entwickeln, aber wir dürfen die Basics nicht vergessen, wir sind für andere Menschen da und nehmen sie wichtig. Es wäre schon ein großer Schritt getan, wenn wir uns die Autoresponder, die wir automatisiert verschicken, daraufhin ansehen, wie sie auf andere wirken.

Kommentare

Autoresponder sind ja auch (datenschutz-)technisch relativ problematisch. Sollte man die überhaupt verwenden? Ist es nicht eher im Sinne hoher Medienkompetenz, darauf zu verzichten?

* * *

Das gilt im Prinzip auch für telefonische Anrufbeantworter. Und mein Versicherer führt eine Statistik darüber, wie viele Pfarrhäuser während der Urlaubszeit „heimgesucht" wurden...

* * *

Reality-Check: Wo gibt es Seelsorge-Nummern, unter denen man zuverlässig einen Ansprechpartner und nicht nur einen Anrufbeantworter findet? Wäre ja mit Telefonweiterleitung machbar. Man bräuchte einen, der sich mit der technischen Seite auskennt und einen, der die Absprache koordiniert, auf wen wann weitergeleitet werden soll.

Die Urlaubsvertretung ist ein Spezialfall dessen.

Autoresponder/entsprechende AB-Meldungen würde ich allein schon wegen der Einbruchsproblematik meiden wie die Pest.

Aber wo gibt es solche auch technisch funktionierenden Telefon/Mail-Weiterleitungen, so dass Ansprechpartner nicht lange suchen müssen, sondern aktiv verbunden/weitergeleitet/bedient werden?

7.5 Maya-Prophezeiung: Weltuntergang am 21. Dezember?

Den eigenen Facebook-Stream morgens durchzusehen verrät, worüber Leute gerne reden. Der angeblich bevorstehende Weltuntergang am 21. Dezember ist ein Thema im Trend.

Wie kann man mit der Ankündigung des Weltunterganges konstruktiv umgehen, ohne dass man Katastrophen-Szenarien ausmalt oder sich über die Leichtgläubigkeit mancher Zeitgenossen lustig macht? Der katholische chilenische Bischof Bernardo Bastres Florence hat dazu diesen Dreh gefunden: Wer an den Weltuntergang glaubt, braucht keine Besitztümer mehr nach dem 21. Dezember — kann diese also verschenken. Warum dann nicht an die Kirche? Und der Bischof verspricht im Gegenzug Gebete für die Spenderinnen und Spender nach dem 21. Dezember [22]:

„Sorge mit Blick auf den Weltuntergang am 21. Dezember? Hinterlasst eure Güter der Kirche!

Punta Arenas — Bischof Bernardo Bastres Florence von Punta Arenas (Chile) macht mit Blick auf den von vielen befürchteten möglichen Weltuntergang am kommenden 21. Dezember einen überraschenden Vorschlag. Wie die chilenische Presseagentur (La Prensa Austral) berichtet, hat der Bischof am vergangenen Sonntag diejenigen, die vom bevorstehenden Weltuntergang überzeugt sind, dazu aufgefordert, ihre Güter der katholischen Kirche zu hinterlassen."

Ein deutscher Kollege hat diese Idee aufgegriffen und postet auf Facebook:

„Sorge mit Blick auf den Weltuntergang am 21. Dezember? Wer an den Maya-Weltuntergang glaubt, kann seinen Besitz an unsere Kirchengemeinde übertragen! ;-) Pfarrer X versichert, dass er auch nach dem 21. Dezember für jeden beten werde: ‚Ich halte die Vorhersage vom Weltuntergang für unseriös und habe Verpflichtungen bis zum kommenden Jahr.'"

Diese Idee wollten noch etwas weiter drehen. Klar, wir glauben nicht an die Weltuntergangsprophezeiung der Mayas, sondern als Christinnen und Christen bekennen wir im Glaubensbekenntnis die Wiederkunft Christi — deren Zeitpunkt wir aber nicht wissen. Bis dahin gilt: Wir haben eine Verantwortung für diese Welt, wollen Kirche für andere sein — und daher nicht unbedingt für uns selber sammeln.

Da passte es, dass Brot für die Welt gerade seine 54. Aktion mit dem Motto „Land zum Leben — Grund zur Hoffnung" gestartet hat, Guatemala, das Land der Maya-Nachfahren, steht im Mittelpunkt.

Daher unsere Facebook-Posts mit Verlinkung des Brot-für-die-Welt-Kampagnen-Videos

„Weltuntergang am 21. Dezember? Wir glauben nicht an diese Maya-Prophezeiung, sondern an die Wiederkunft Christi. Bis dahin engagieren wir uns für diese Welt. Deshalb: Den Nachfahren der Mayas in Guatemala helfen."

Für Twitter haben wir leicht gekürzt, da nur 140 Zeichen zur Verfügung stehen.

Abb. 7.3. Facebook-Post zum angekündigten Weltuntergang

Jetzt kommen natürlich die technischen Details und ihre Tücken. Beim Teilen eines Video-Links wird der Text im Vorspann nicht weitergereicht. Hätten wir stattdessen ein Foto nehmen sollen? Da stellt sich die Rechtefrage, da man bei auf Facebook geposteten Fotos die Nutzungsrechte an Facebook weitergibt und wir deshalb kein Pressefoto verwenden konnten. Stattdessen direkt auf das Online-Spendenformular von Brot für die Welt verweisen? Ist das nicht etwas sehr plump?

Im Nachhinein kann man sagen, wir hatten Glück, der Post ist bis jetzt der meistgeteilte Facebook-Post der rheinischen Fanpage mit fast einer Viertel Million Views.

Teil III

Soziale Netze und Netzkultur

8
Facebook-Strategie und -Marketing

8.1 Facebook-Strategie in Pecha Kucha Light Format

Eine Einladung zu einem Vortrag über unsere Facebook-Strategie in zehn Minuten und mit zehn Folien habe ich erhalten. *Pecha Kucha Light* hieß es in der Email. Wirres Geplauder oder Stimmengewirr bedeutet Pecha Kucha auf Deutsch. Als Theologe komme ich mit der Zahl zehn gut zurecht, allerdings will ich kein wirres Geplauder vorbringen. Zehn Gebote hat Moses veröffentlicht, das ist etwas ganz anderes, aber zehn Überlegungen, wie man Facebook als Institution strategisch angehen kann, habe ich schon. Diese stelle ich hier gerne zur Diskussion.

Mit dem japanischen Begriff Pecha Kucha bezeichnet man eine Vortragsform, bei der man zu Folien einen Vortrag hält. Die Anzahl der Bilder ist dabei mit 20 Stück ebenso vorgegeben wie die 20-sekündige Dauer der Projektionszeit je Bild. Die Gesamtdauer des Vortrags beträgt damit 6 Minuten 40 Sekunden. Abweichend davon habe ich hier zehn Gedanken, wie wir Facebook angehen.

1. Wir sind nur Gast auf Facebook
2. Wir haben eine Botschaft
3. Es muss uns selber Spaß machen
4. Wir wollen Kontakt haben
5. Wir sind authentisch und transparent
6. Wir sind zuerst Person, dann erst Institution
7. Wir sind Personen und keine Bots

8. Freunde von Freunden sind uns besonders wichtig
9. Wir wählen aus, denn weniger ist mehr
10. Wir bemühen uns — und warten auf den Kairos

Wir sind nur Gast auf Facebook

- Facebook führt ohne Ankündigungen Änderungen (z.b. Timeline, aber auch (nützliche) Kleinigkeiten wie zeitgesteuertes Publizieren) durch oder sperrt ohne Vorankündigung auch Seiten, z.B. `facebook.com/TheBible`.
- Facebook darf deshalb nicht die einzige Kommunikationsstrategie sein.

Wir haben eine Botschaft

- Wir wissen, was wir auf Fabebook sagen wollen und auch, wem wir es sagen wollen.
- Facebook hilft zu elementarisieren.
- Auch Fotos sprechen.

Es muss uns selber Spaß machen

- Wenn es Spaß macht, schaut man auch nach Feierabend auf die Seite, von solchem Engagement lebt die Präsenz.
- Im Team geht es besser.
- Wir machen die Page auch für uns, die Page muss uns auch gefallen.

Wir sind zuerst Person, dann erst Institution

- Social Media verändern eine Institution.
- Personen stehen im Vordergrund. Wer will oder auch muss Gesicht zeigen? (Wenn es für jemand Pflicht ist, dann macht diese Person besser etwas anderes.)
- Wer postet als „Redaktion" (einzelne Personen, die als Redakteur(in) kenntlich sind, oder „die Redaktion" mit Kennzeichnung des/der Redakteurs/-in)?

8.1 Facebook-Strategie in Pecha Kucha Light Format

Wir sind Personen und keine Bots.

- Automatisiert geht nicht, Facebook-Posts brauchen eine Anrede.
- Kein automatisches Einlaufen von Feeds.

Wir wollen Kontakt haben.

- Wir reagieren auf Anfragen und Kommentare.
- Aber: Don't feed the trolls — hier ist Kompetenz wichtig.
- Wir interagieren auch, „liken" andere Pages (dafür brauchen wir eine Policy).

Wir sind authentisch und transparent.

- Wir kommunizieren offen — auch wenn etwas nicht so gut läuft. Dies gibt uns Glaubwürdigkeit.
- Man kann in Facebook-Gruppen auch User um Mithilfe und Feedback bitten.

Freunde von Freunden sind uns besonders wichtig.

- Wem wir gefallen, bei dem laufen wir auch auf der Timeline ein (außer er/sie schaltet uns stumm) — dadurch erreichen wir sehr viele Menschen mehr.

Wir wählen aus, denn weniger ist mehr

- Zwei Posts am Tag ist die beste Strategie — daher müssen wir auswählen.
- Wir posten, was uns wichtig ist und wovon wir überzeugt sind.

Wir bemühen uns — und warten auf den Kairos.

- Wir machen uns klug, wie Facebook geht und sich auch verändert.
- Wir probieren aus, die Facebook-Statistik hilft uns auszuwerten, was geht und was nicht ankommt.
- Es ist wunderbar, wenn Sachen viral werden. Das können wir vorbereiten, aber nicht erzwingen.

Kommentare

Gut finde ich die Zentrierung auf Personen und authentische Beziehungen. Den Punkt „Wir haben eine Botschaft" finde ich theologisch sehr wichtig, würde ihn aber im Kontext von Social Media eher als Angebot von Inhalten und persönlicher Kompetenz formulieren, da er sonst leicht missverstanden werden kann. Kirche will niemandem eine Botschaft ins Bewusstsein reden (klassische Werbestrategie), sondern bietet auch im Rahmen von Social Media einen persönlich und gesellschaftlich sinnvollen Mehrwert. Das sollte mit einem selbstbewussten und zugleich bescheidenen Auftritt deutlich werden.

* * *

Während mich als kirchlicher Mitarbeiter die protestantische Vielfalt (nicht die inhaltliche Vielfalt, sondern die Doppel-, Dreifach-, Neben- und Durcheinanderstrukturen) manchmal fast an den Rande des Wahnsinns treibt, sehe ich dies bei den Möglichkeiten, die Social Media bietet, genau anders: Hier liebe ich Vielfalt, die sich untereinander verknüpft und vernetzt, Bezug aufeinander nimmt und sich voneinander abgrenzt, sich hoch- und runterschaukelt. Auch kleine Klitschen können großartige Social-Media-Dinger hochziehen (vielleicht gerade sie?). Allerdings sollte man sich hier den Hinweis zu Herzen nehmen: Wir sind nur Gast auf Facebook!

8.2 Multichannel-Strategie: Facebook ist ein Must

Mit dieser Überschrift gewinnt man keinen Preis der *Gesellschaft für Deutsche Sprache*, doch drückt sie den Konsens der Nachmittagsdiskussion bei der Tagung „Kirche im Web 2.0 - Pastoraltheologische Perspektiven"[1] aus.

Ein Teilnehmer der Tagung stellte die Frage, ob Facebook unserer Botschaft angemessen sei oder die Kirche für ihre Verkündigung andere Plattformen wählen müsse. Wenn man an Datenschutz und auch an das Business-Modell von Facebook denkt, müsste man Facebook wahrscheinlich als Plattform ablehnen. Wenn man als Kirche jedoch dort sein will, wo Menschen sind, muss man diese Frage eindeutig bejahen. Facebook ist weltweit und auch in Deutschland das größte soziale Netzwerk. Wenn Kirche sich als *missionarische Volkskirche* versteht, führt kein Weg an Facebook vorbei.

So gesehen ist Facebook ein Must, Präsenzen auf anderen sozialen Netzwerken — hier ist besonders Google+ interessant — sind zurzeit ein „Nice-to-have", so der Konsens unter den Tagungsteilnehmern. Das Web 2.0 ist sehr volatil, diese Einschätzung muss man daher durchaus bald wieder überprüfen.

Theologisch lässt sich auch argumentieren, Jesus ging zu den Sündern und Zöllnern, er war, rheinisch gesprochen, vor „nix fies". Gerade als Christen und Christinnen sind wir daher aufgerufen, auch in einer Umgebung präsent zu sein, die uns vielleicht nicht passt. Wenn Facebook der Treffpunkt für viele Menschen ist, müssen wir eben auch da sein.

Was wäre die Alternative? Diaspora `diasporaproject.org` — hier ist im kirchlichen Kontext der Name schon zum Schmunzeln — ist zwar ein Netzwerk, das unseren medienethischen Maßstäben genügen mag, aber eben bezüglich der Reichweite leider keine Relevanz hat. Würden wir auf Diaspora als Plattform setzen, könnten wir uns unserer medienethischen Standards rühmen, würden aber nur sehr begrenzt unsere Botschaft unter Menschen bringen können. Oder (nun argumentiere ich als Protestant, auch wenn die Tagung in einer katholischen Akademie veranstaltet wurde) greift bei dieser Frage nicht die Rechtfertigungslehre: Ich bin Sünder, aber als solcher von Gott rechtfertigt. In diesem Bewusstsein kann ich gerade auch auf Facebook präsent sein.

---

[1] Akademie der Diözese Rottenburg-Stuttgart am 8.3.2012, siehe `www.akademie-rs.de`.

8 Facebook-Strategie und -Marketing

Kommentare

Theologisches Nachdenken kann nie schaden. Auch ich sehe zwischen uns (Katholiken und Protestanten) keine großen Differenzen. Eine Argumentation mit Hilfe der Charismen ist meines Erachtens ein guter Weg. Auf der Stuttgarter Tagung sprachen wir auch von Befähigung — d.h. Menschen zurüsten, damit jede/jeder an seinem/ihrem Ort „Zeugnis" geben kann. Einer mag es auf Facebook tun, eine andere auf Twitter, wieder jemand anders im Forum der lokalen Zeitung — und noch jemand anders nur in seiner Offline-Welt. Jeder dort, wo sein Charisma ist bzw. wo Gott ihn hingestellt hat.

Für die Kirche als ganze gilt jedoch der Auftrag da zu sein, wo Menschen sind, deshalb müssen wir schon die relevanten Netzwerke identifizieren. Daher ist zurzeit jedenfalls Facebook unser Pflichtprogramm.

* * *

Inhaltlich bin ich in der Conclusio ganz und gar deiner Meinung, dass es ohne Facebook nicht geht. Selbst wenn es sein kann, dass etwas anderes in fünf Jahren das große Ding ist, geht es heute ohne Facebook nicht. Und die Lernerfahrungen blieben jedenfalls, ganz egal, wie es konkret mit den Kanälen weitergeht. Deine theologische Argumentation möchte ich aber ein bisserl hinterfragen oder vielmehr weiterdenken. Ich glaube ja gefühlsmäßig eh, dass wir da übereinstimmen. Wenn ich das „böse" Facebook mal mit dem Gefängnis vergleiche, so gehen SeelsorgerInnen dort hin in einer anderen Rolle als die InsassInnen. Auf Facebook ist das aber nicht so. Da sind wir erst mal alle gleich und haben dort unser persönliches Profil. Wurscht, was es sonst noch gibt, in erster Linie sind wir da als Menschen präsent. Wer nun — aus welchen rationalen oder irrationalen Gründen auch immer — nicht auf Facebook sein will, kann meiner Meinung nach nicht aus der Rolle als SeelsorgerIn, kirchliche(r) MitarbeiterIn heraus genötigt werden, das zu tun. Ich habe heute im Pad zur Tagung die Frage gelesen, ob kirchliche MitarbeiterInnen verpflichtet werden können, kirchliche Pages zu liken. Da wird mir ganz anders, wenn ich so etwas lese, was wohl aus einem reinen Marketing-Kalkül oder auch einfach aus Unwissenheit entsteht. Da fällt mir dann eine andere theologische Kategorie ein, das persönliche Gewissen. Auch wenn wir aus kirchenstrategischer Sicht auf Facebook setzen sollten und möglichst viele Leute für die Kommunikation dort schulen und unterstützen sollten, kann es für mich keinen „kirchlichen Facebook-Zwang" geben. Das funktioniert gefühlsmäßig sowieso und auch praktisch nicht, weil das keine Basis für gelingende Beziehungen auf Facebook wäre, aber es wäre für mich auch die Überschreitung einer Grenze, die wir aus guten Gründen nicht überschreiten können. Tatsache ist ja leider auch, dass über kurz oder lang die Offliner oder digitalen Laien immer mehr zu Outsidern der Gesellschaft werden, weil Schaffenskraft und Produktivität über soziale Netzwerke organisiert wird. Da wünsche ich mir ein differenziertes Vorgehen. Der Ansatz, den Jürgen Pelzer mit den Charismen vertritt, scheint mir dafür probat. Ich eben ermutigen, die auf Facebook und im Social Web etwas tun wollen, aber nicht alle müssen alles tun. Den Kirchen werden auch in der Zukunft die Offline-Handlungsfelder nicht ausgehen, selbst wenn das Internet immer lebensbestimmender wird. Hier eine gute Balance zu finden, ist wohl eine Aufgabe der Zukunft und es wäre schön und für mich im Sinne der Botschaft Jesu, wenn es geboten ist, wenn es uns in der Kirche gelingt, die realen Ängste der Menschen vor Facebook

wirlich ernst zu nehmen — ohne davon gleich vorschnell die kommunikationsstrategischen Entscheidungen der Kirche abzuleiten.

* * *

Vielen Dank für deinen Eindruck von der Tagung. Von „weit weit weg" kann man sich schwer einen Eindruck verschaffen. Es gibt zwar eine Twitterwall, aber die enthält ja auch viele lustige Sprüche. Und der Livestream steckt noch in den Kinderschuhen. Aber es gibt das sehr hilfreiche Etherpad. Katholischerseits begegnet mir als hauptamtlicher Mitarbeiter in Gremien immer die Frage: „Ist es richtig oder ist es falsch?" Die Diskussionen um Facebook und die reale/virtuelle Welt zeigen, dass es in Zukunft in unserer Kirche nicht den einen richtigen Standpunkt geben kann. Damit heben wir das Lehramt nicht auf. In der Firmvorbereitung arbeiten wir mit Facebook für die Facebook-Nutzer und können doch nicht erwarten, dass deswegen kommuniziert wird. Wir sind keine Volkskirche mehr, sondern eine Kirche aus Individuen. Das ist eine Herausforderung für die Pastoral, der ich mich gern stelle. Allerdings sehe ich nicht das Social Web als Alternative zur bisherigen Praxis, sondern als einen Teil der zukünftigen Praxis.

* * *

„Wir sind keine Volkskirche mehr, sondern eine Kirche aus Individuen." Das ist eine Herausforderung für die Pastoral, der ich mich gern stelle.

Vielleicht füllen wir den Begriff „Volkskirche" und „missionarisch" etwas andern, in der rheinischen Landeskirche hatten wir dazu einen längeren Diskussionsprozess, siehe: http://www.ekir.de/www/downloads/ekir2010-04-12missionarisch-volkskirche-sein.pdf:

„2.1 Die Evangelische Kirche im Rheinland hat Teil an Gottes ,Missio', seinem Handeln für die Welt und an seiner Leidenschaft für die Menschen in der ganzen Breite ihres Auftrags in Gestalt von Dienst (Diakonia), Gemeinschaft (Koinonia), Gottesdienst (Leiturgia), Zeugnis (Martyria) und im Einsatz für Gerechtigkeit, Frieden und Bewahrung der Schöpfung. Mission geschieht einerseits spontan, denn: „Wir können's ja nicht lassen, von dem zu reden, was wir gesehen und gehört haben" (Apg 4, 20), andererseits geplant und geordnet (vgl. Apg 1,8; Röm 15,18-24). In beidem folgen wir dem Auftrag des Auferstandenen an die Jünger: „Wie mich mein Vater gesandt hat, so sende ich euch" (Joh 20,21). Aus diesem Geist und in diesem Auftrag handeln wir.

2.2 Wir sind eine Kirche, die auf Menschen zugeht (Mt 28,19), um sie mit dem Evangelium in Kontakt zu bringen, sie zum Glauben einzuladen, ihnen zu dienen und sie zur Umkehr zu einem neuen Leben in Gerechtigkeit und Solidarität zu rufen. In einer pluralen Gesellschaft, in der die Bindungskraft des traditionellen Christentums nicht mehr selbstverständlich ist, gewinnt diese Dimension kirchlichen Handelns an Bedeutung. Das fordert von uns Verantwortlichkeit heraus. Unsere Talente (Mt 25, 14-30) und Ressourcen sind uns anvertraut zu verantwortlichem Gebrauch. Demografischer Trend und die Überzahl von Kirchenaustritten gegenüber Kircheneintritten erinnern uns erneut an unseren Auftrag und sind zusätzlicher Ansporn."

8.3 Facebook-Likes: Sind 1000 genug?

Social-Media-Strategien für die Kirche bestimmen die Diskussion bei der Jahrestagung der Arbeitsgemeinschaft für Öffentlichkeitsarbeit mit dem Titel „Glaube Twitter Hoffnung".[2]

Wer neu auf eine Facebook-Fanpage kommt, sieht sofort, wie vielen Menschen diese gefällt, oder im Facebook-Jargon, wie viele „Likes" sie hat. Die Zahlen für kirchliche Facebook-Seiten sind jedoch ernüchternd.

Die EKD kommt auf knapp 1500 Likes bei rund 24 Millionen evangelischen Christinnen und Christen laut der letzten veröffentlichten EKD-Mitgliederstatistik. Die Pfälzer Landeskirche, die mit einer Viertel Stelle eine Social-Media-Pfarrerin beschäftigt, kommt beispielsweise auf rund 250 Likes, die Facebook-Verhältnisse zwischen EKD und Gliedkirchen scheinen zu stimmen. evangelisch.de liegt in der Größenordnung der EKD mit 1300. Nimmt man die Katholiken dazu, so bekommt man für den letzten Ökumenischen Kirchentag über die 6.000-Marke bei den Facebook-Zustimmungen. Auf Ebene der Kirchenkreise ist das Bild deutlich trister, man findet sogar Facebook-Fanpages, die nur weniger als zehn Menschen als Fan haben.

Zum Vergleich, die Bundeskanzlerin hat rund 152.000 mal die Facebook-Zustimmung bekommen, dies drückt Facebook kurz mit 152K aus. Die Justin-Bieber-Fanseite kommt schon in den Millionen Bereich, ihre Zustimmung liegt bei 1.4M. Nelly Furtado übertifft den Jugendschwarm mit über zweieinhalb Millionen. Die Bibel-Seite der United Bible Society auf Facebook hat aber noch deutlich mehr, ein stolzes 8.6M prangt auf deren Facebook-Seite.

Die Bibel erfährt millionenfache Zustimmung auf Facebook, bei der verfassten Kirche liegt die Zahl der von Usern verteilten Likes nur im vierstelligen Bereich. Man mag einwenden, die Bibel-Seite ist international, aber die aus Deutschland stammenden Likes dürften mindestens auch im sechsstelligen Bereich liegen.

Auf der anderen Seite findet man Gemeindepfarrer oder -pfarrerinnen auf Facebook, deren Freundeszahl im dreistelligen Bereich liegt. Sie haben oft als Pfarrer mehr Freunde online, als regelmäßige Besucherinnen und

---

[2] 46. Jahrestagung der Arbeitsgemeinschaft Öffentlichkeitsarbeit (agoea.de) zu „Glaube Twitter Hoffnung. Kirchenkommunikation in sozialen Netzwerken" vom 23. - 25. April 2012 in Villigst.

Besucher im Gottesdienst. Was heißen diese Zahlen für eine Facebook-Strategie? Die Bibel läuft sogar besser als Musik-Stars. Als Grund lässt sich vermuten, dass die Bibel direkt das Leben von Christinnen und Christen betrifft, sie ist in die Frömmigkeitspraxis eingebettet, Menschen teilen Bibelverse auf Facebook

Beim Gemeindepfarrer liegt die hohe Anzahl der Facebook-Freunde eben daran, dass Menschen ihn aus der Gemeinde kennen, in Beziehung zu ihm stehen möchten. 130 Freunde für den Gemeindepfarrer sind in der Relation zur EKD oder Landeskirche sehr viel. Der Kirchenkreis, die Landeskirche und auch die EKD wird wohl eher als Institution erlebt, aber der Gemeindepfarrer als Repräsentant für Kirche vor Ort dagegen als Mensch. Offensichtlich kann es auch der Kirche gelingen, Inhalte über Facebook zu kommunizieren, wenn diese über Personen vermittelt werden. Welche Personen stehen für welche Themen? Wollen wir auf Facebook Themen besetzen, müssen wir auf Personen setzen. Mache ich diese groß, wird auch mein Thema groß.

Trauen wir uns mit K's zu denken, darauf zu hoffen, dass die Zustimmung nicht mehr in einzelnen Stimmen messbar ist, sondern in Tausendern, also in K's auf kirchlichen Seiten angegeben wird. Dann müssen wir auf Personen setzen.

Widerspricht das nicht unserem protestantischen Selbstverständnis, das sich im Schlagwort vom Priestertum aller Gläubigen ausdrückt? Vermitteln wir nicht das Bild einer Pastorenkirche, wenn wir Pfarrerinnen und Pfarrer so bewerben? Können wir Personen so in den Vordergrund stellen? Wenn nicht, dann dürfen wir uns aber auch nicht über wenige Likes bei Facebook ärgern.

Kommentare

Interessante Gedanken. Aber gerade die letzten Fragen kann ich nicht nachvollziehen. Warum sollten die Personen nur PfarrerInnen sein? Und: Ist es protestantisch, sich mit Institutionen zu identifizieren? Warum sollte das überhaupt erstrebenswert sein? An der bekannten Schleiermacher-Formel (§24 der 2. Aufl. der Glaubenslehre) zum Verhältnis des Einzelnen zu Christus und Kirche im Protestantismus gegenüber dem Katholizismus wird m.E. ersichtlich, dass protestantisch gesehen personale Beziehungen immer im Vordergrund stehen. Denen gegenüber hat die Institution Kirche nur dienende Funktion. Das sollte auch in der Arbeit mit Social Media deutlich werden.

* * *

Wie gesagt: Wichtig ist nicht, ob es ein Pfarrer oder eine Pfarrerin ist (abgesehen vom Profilbild), sondern dass man erkennt, dass ein Mensch dahinter steckt — egal ob Pfarrer, Kirchmeister, Sekretärin, Presbyterin oder ein Ehrenamtlicher vom Besuchsdienst. Wer als Person sein Herzblut in Twitter, Facebook und Co. steckt, läuft auch nicht Gefahr, unpersönlich und nachrichtlich zu posten und zu twittern. Fanpages und Twitterkanäle von kirchlichen Institutionen müssten also weg vom nachrichtlichen Stil eines RSS-Feeds, dann würde dort auch mehr „geliked". Allerdings: Es kommt nicht immer auf die Anzahl der „Likes" an, sondern auf die Qualität der Kommunikation. Auch 1000 „likes" könnten für die EKD ein Erfolg in Sachen Social Media sein.

* * *

Der Talar mag ein Aspekt sein (der aber auch schnell für amtliche Distanz sorgen kann). Ich kenne einige PfarrerInnen, der bei Facebook und Twitter sehr erfolgreich arbeiten und ganz ohne Talar auskommen. Die Identifikation mit kirchlichen Perso-

8.3 Facebook-Likes: Sind 1000 genug?

nen erfolgt m.E. über die Inhalte. Denn diese werden geteilt, retweetet etc. und sind damit der entscheidende Erfolgsfaktor. Dass nur Pfarrer in dieser Weise kirchlich agieren sollten/könnten, halte ich dann wiederum ebenfalls für unprotestantisch. ;-)

* * *

Gerade die sozialen Netzwerke bieten doch viele Gelegenheiten zum Priestertum aller Gläubigen. Wenn Christen/-innen sich dort gelegentlich „outen", sonst aber auch als ganz „normale" Menschen erlebt werden, kann es schnell 50 Mitglieder einer Gemeinde geben, die sich an jeweils 150 „Freunde" wenden können. Und so können viel mehr Netzwerke bespielt werden, als es ein Pfarrer je könnte.

* * *

Die Sache ist aus meiner Sicht noch viel komplizierter, wenn ich mich als Pfarrer auf Facebook erkennbar mache. Ich habe meinen Facebook-Account nicht im dienstlichen Auftrag erstellt, sonder eher zunächst privat. Aber was heißt hier „eher" und was „privat"?

* * *

Es hängt natürlich nicht am Talar, sondern an der Erkennbarkeit: Wo und wie wird Kirche/Glaube (das müsste man eigentlich unterscheiden) schnell erkennbar — z.B. auch in Freundeslisten von Freunden.

Ich gebe Dir vollkommen recht, dass Identifikation über Inhalte erfolgt, besonders wenn ich die Person kenne, die diese Inhalte teilt.

Dies gelingt gut im Nahbereich, aber was ist, wenn wir an die Größenordnungen von K Likes herankommen wollen (von der M will ich gar nicht träumen). Das gelingt m.E nur über emotionale Inhalte wie „Die Bibel" oder über Personen, die bekannt sind und zur Identifikation einladen.

* * *

Da ist sicher was dran. Es funktioniert bei Facebook & Co. m.E. wenig gut und ist im kirchlichen Sinne auch wenig authentisch, wenn Personen ihren Namen als „Marke" hergeben, aber selbst nicht oder nur kaum in die dialogische Kommunikation eingebunden sind. Umgekehrt gibt es durchaus Beispiele, wo „Privatpersonen" durch ihr persönlichen Engagement die 1000er Marke locker knacken. Vermutlich braucht Kirche beides und eine gute Mischung aus beidem, aber in jedem Fall eine persönliche, authentische Kommunikation. Das kann ja durchaus auch unter dem Namen einer Institution, eines Projektes oder eines Schwerpunktes sein. Ausgehend von der Ortsgemeinde muss das m.E. (auch aus rein zeitlich-praktischen Gründen) dann nicht unbedingt der Pfarrer sein. An anderen Stellen kann es dann sicher noch einmal anders aussehen.

* * *

Es geht nur „authentisch" und mit Personen, die auch gerne dialogisch kommunizieren. Ich würde konkretisieren: Warum zum Beispiel nicht einen/eine Pfarrer/Pfarrerin, der/die über Rundfunkandachten (man kann hier auch einen hippen Sender wie 1Live nehmen) bekannt ist, auch auf Facebook stark machen, hier könnte ein Transfer vom Radio zu Social Media stattfinden.

Nochmals, ich hänge nicht am Pfarrer/der Pfarrerin, es könnte auch ein Mitglied einer christlichen Band sein, eine Kantorin oder der Jugendleiter, der/die für Kirche steht.

* * *

Eigentlich ist doch egal, wie viele oder wenige Likes es der Kirche für dies oder jenes zu sammeln gelingt. Dieses Interesse an einem bestimmten Echo ist doch nur ein Symptom für das eigentlich Interessante:

Irgendwie gibt es kaum noch jemanden, der die Kirche als solche liket und vielleicht sogar mal hingeht. Die Kirche ist kein fischreicher See Genezareth, in den frisches Wasser auf der einen Seite hinein und auf der anderen Seite wieder hinausfließt, sondern ein Totes Meer am absoluten Tiefpunkt der irdischen Landmasse, in dem noch ein paar laue Tropfen ankommen, aus dem aber nichts mehr nach außen dringt. Eine völlig versalzene Brühe, die nicht mehr mit anderen Gewässern kommuniziert.

Blöde Situation. Da verlegt man sich dann schon gern mal auf die unverbindliche, aber kurzweilige Ebene des Gesellschaftsspiels: „Wollen wir auf Facebook Themen besetzen, müssen wir ein Personenset setzen. Mache ich diese groß, wird auch mein Thema groß." Besetzen, setzen, Personen (=bunte Männchen), groß werden — ja, so hört sich eine gelungene Mischung aus Mensch-ärgere-dich-nicht, Schach und Monopoly an.

Dank Facebook und Like-Buttons darf die Kirche endlich wieder irgendwo mitspielen. Der Button ermöglicht es, beliebige Inhalte oder solche, die es zu sein vorgeben, eben mal schnell abzunicken, ohne wirklich Stellung dazu nehmen zu müssen. Den Likenden wird also nicht viel abverlangt, und der Gelikete wähnt sich allseits beachtet und geschätzt. Eine typische Win-Win-Situation also, und für die Beteiligten gar nicht mal teuer auf aufwendig.

Fürs Image geht Kirche über Liken. Da kann man nur sagen: Maranatha!

* * *

Ich gehe davon aus, dass du kein Troll bist, sondern ein ernsthaftes Anliegen hast und antworte deswegen einfach mal. Wenn ich deine Kritik richtig verstehe, stimme ich ihr prinzipiell zu: Kirche muss sich fragen, ob es ihr bei der Betätigung in den Medien um den Ausbau von Macht, Image und gesellschaftlichem Einfluss oder um die Kommunikation lebendigen Glaubens geht. Ich würde dir auch darin zustimmen, dass sich diese beiden Aspekte tendenziell ausschließen. Ich denke aber, dass der zweite Aspekt, sofern er Motivation ist, nicht unstrategisch oder planlos erfolgen muss.

8.4 Dein erster Freund: der „early bird"

Wer war dein erster Freund? Wer war deine erste Freundin? Erinnerungen verbinden sich mit ihr oder mit ihm. Jeder kann sich erinnern, wer er oder sie war. Das gilt auch für den Schulfreund oder die Kindergartenfreundin oder die erste „beste" Freundin. Im realen Leben, in der Kohlenstoffwelt, können wir uns an die ersten Freunde erinnern, die wir hatten.

Wer war dein erster Facebook-Freund? Für mich wird es hier schon schwieriger. Ich weiß es nicht, ich muss in der Timeline nachsehen. Eigentlich bin ich erleichtert, dass ich es nicht weiß, denn dies heißt: Kohlenstoff-Freunde bedeuten mir mehr als Online-Freunde. Aber kann man so einfach trennen zwischen on- und offline? Ich blättere meine Timeline auf Facebook zurück, bei mir reicht sie bis 2007. Mit den ersten sieben Freunden, die ich vor fünf Jahren auf Facebook machte, bin ich immer noch in Kontakt — bei den meisten von ihnen läuft der Kontakt über Facebook. Zwei von ihnen sehe ich jedoch auch privat.

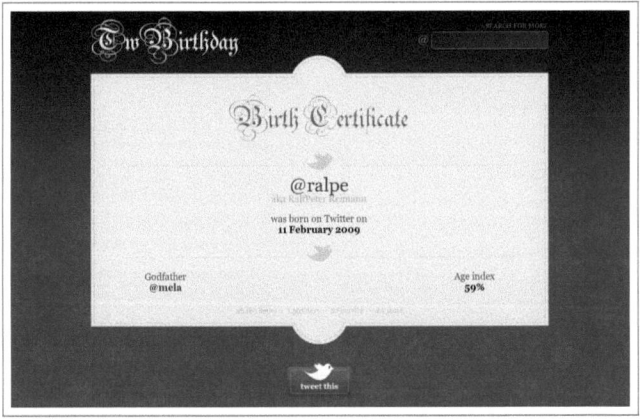

Abb. 8.1. Twitter-Geburtsurkunde

Online-Beziehungen werden immer wichtiger. Wir versuchen daher, Bedeutungen aus der Kohlenstoffwelt online mit neuer Bedeutung zu füllen. Nur so lassen sich Wortspiele und Websites wie `twbirthday.com` erklären: Wann wurdest du auf Twitter geboren? Hier gibt es sogar eine Geburtsurkunde. Nach undurchsichtigen Kriterien wird dabei sogar der Twitter-Taufpate bzw. die -Taufpatin ermittelt. Dies ist absurd - zeigt aber auch ein Bedürfnis an, die Online-Welt zu kategorisieren. Hierbei kommt sogar wieder religiöse Sprache zum Tragen.

Auch wenn es eine Spielerei ist, Online-Jahrestage werden in der Zukunft wahrscheinlich wichtiger werden. Vor allen Dingen auch deshalb, weil die digitale Welt nichts vergisst. Die Facebook-Timeline überlässt nichts dem Vergessen. Auch Jahre später kann man sehen, mit wem man sich wann befreundet hat. Wer ist dein erster Freund auf der Timeline? Irgendwie ist es schon interessant, dies nachzusehen. Gleichzeitig frage ich mich: will ich das alles wissen?

Wer zuerst kommt, mahlt zuerst. Dies gilt gerade für online. *MaxMustermann* hat sich früher angemeldet als *MaxMustermann2*. „The early bird catches the worm," heißt es auf Englisch. Daher gibt es auch die vielen „early-bird"-Offerten im Netz.

8.5 Zielgruppenwerbung bei Facebook — wollen wir das?

Wenn eine Düsseldorfer Kirchengemeinde Mitglieder für einen Gesprächskreis für lesbische alleinerziehende Mütter mit mindestens einem Kind im Alter von vier bis zwölf und Universitätsabschluss im Großraum Düsseldorf, die an christlichen Themen interessiert sind, anbieten möchte, ließe sich dieser gezielt bei Facebook bewerben. Das lassen zumindest die Auswahlkriterien für Facebook-Werbung zu. Allerdings kommt in diesem konkreten Fall der Hinweis, dass weniger als zwanzig Facebook-Nutzerinnen diese Kriterien erfüllen und der Erfolg dieser Kampagne daher nicht garantiert werden kann. Facebook bietet sogar noch weitere Auswahlmöglichkeiten, man kann aus seiner Zielgruppe dann auch noch die auswählen, die in Kürze Geburtstag haben und/oder kürzlich geheiratet haben. Bei der Auswahl der Kriterien überprüft Facebook allerdings nicht auf Plausibilität, man kann z.B. kürzlich Verheiratete auswählen, die Singles sind und in keiner Beziehung leben. Hier decken sich die Gruppierungsmöglichkeiten bei Facebook nicht richtig mit dem wirklichen Leben.

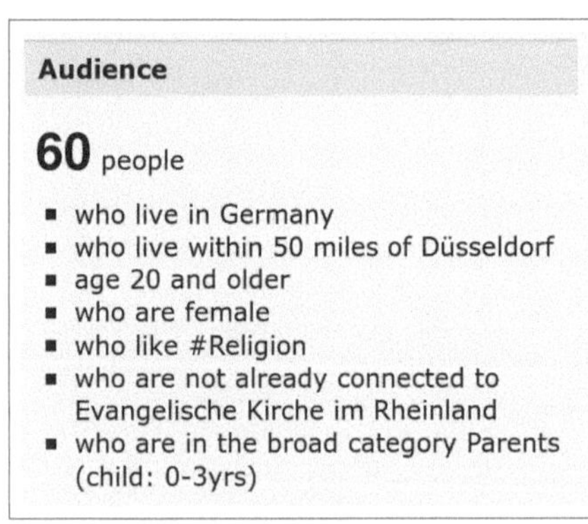

Audience

60 people

- who live in Germany
- who live within 50 miles of Düsseldorf
- age 20 and older
- who are female
- who like #Religion
- who are not already connected to Evangelische Kirche im Rheinland
- who are in the broad category Parents (child: 0-3yrs)

Abb. 8.2. Zielgruppenwerbung auf Facebook

Wer Werbung bei Facebook schaltet, kann seine Zielgruppe erschreckend genau auswählen. Jetzt versteht man auch, warum Facebook an welchen Daten interessiert ist und was passieren könnte, wenn diese in falsche Hände geraten.

Das bloße Schalten einer Kampagne bei Facebook zeigt, welches Potenzial das Unternehmen hat — bzw. wie groß die Herausforderung für Facebook

8.5 Zielgruppenwerbung bei Facebook — wollen wir das?

ist, dieses Geschäftsmodell auf die stark gestiegene mobile Internetnutzung anzupassen, die nur schlecht Werbeformate anbietet.

Wenn wir als Kirche einen Verkündigungs- und Öffentlichkeitsauftrag haben, müssen wir dafür Sorge tragen, dass die Gute Nachricht möglichst viele Menschen erreicht. Der finanzielle Mitteleinsatz ist dabei auch zu bedenken. Wenn man sieht, was die Erstellung eines Artikels fürs Web tatsächlich kostet (was bezahlt man einem/einer Freelancer für einen Artikel?) und was für Klicks der Artikel dann tatsächlich im Internet erzielt, muss man überlegen, wieviel man bereit ist zu bezahlen, damit dieser Artikel von mehr Internetnutzerinnen und -nutzern wahrgenommen wird. Vor diesem Hintergrund ist ein Bruchteil eines Cents meiner Meinung nach eine gute Investition, damit ein Facebook-Post von einer zusätzlichen Person gesehen wird.

Um Anhaltspunkte für diese Diskussion zu haben, haben wir einen Post beworben, als Zielgruppe haben wir die Freunde unserer Fans angegeben — damit haben wir zurzeit eine potenzielle Audience von fast 100.000 Facebook-Mitgliedern.

Der bisher am meisten abgerufene Post hatte über 800 Views, weil sich daran eine Diskussion aufhing. Normale Posts erreichen bei uns um die 300 Abrufe auf. Beim als Test beworbenen Post über das Spenden von Restdevisen haben wir für 481 zusätzliche Views 1,68 Euro bezahlt. Dies ist der Stand nach der Halbzeit der dreitägigen Werbephase für das Posting. Durch dieses Bewerben haben wir Menschen erreicht, die (noch) keine Fans unserer Seite sind. Ob dadurch zusätzliche Spenden generiert wurden, ist leider nicht messbar.

Ob und wie kirchliche Werbung bei Facebook vertretbar ist, diskutieren wir gerade.

8.6 Edgerank heißt Facebooks „geheime Soße"

Ein Blick in den eigenen Newsfeed sollte es eigentlich klarmachen: Facebook wählt für mich aus, was ich im Newsfeed zu sehen bekomme. Meistens merken wir es aber nicht, weil Facebook eine recht gute Auswahl trifft. Wenn man die Zahl der eigenen Freunde nimmt und dazu die Anzahl der Facebook-Fanpages, die einem gefallen, und diese dann addiert, sieht man, wer alles im eigenen Newsfeed vorkommen müsste. Wenn jeder nur einen Post alle zwei Tage absetzen würde, müsste ich am Tag rund 300 Posts im Newsfeed haben. Scrolle ich aber die letzten 24 Stunden in meinem Newsfeed durch, komme ich auf rund 50 Posts. Alles andere würde mich auch überfordern. Diese Rechnung kann jeder für sich selber durchführen, man kann erahnen, was Facebook für einen filtert.

Freunde, die einem ferner stehen, und Fanpages, mit denen man nicht interagiert, filtert Facebook raus. Von Menschen, die mir näher stehen, will ich mehr wissen, also erfahre ich auch mehr von ihnen in meinem Newsfeed. Soweit so gut.

Falls nun Facebook-Freunde, die mir ferner stehen, wollen, dass ich Neues von ihnen erfahre, dürfen sie dafür bezahlen. Zumindest in den USA probiert Facebook das aus. Wer nicht rausgefiltert werden will, muss blechen. Ob dieses Geschäftsmodell ethisch vertretbar ist und erfolgreich sein kann, wird zurzeit kontrovers diskutiert.

Für Fanpages ist es dagegen gang und gäbe, dafür zu zahlen, dass man wahrgenommen wird. Man kann einzelne Posts promoten oder gleich die eigene Fanpage.

Eine Alternative zur Facebook-Werbung ist es, die Relevanz der eigenen Posts deutlich zu erhöhen und die Interaktion mit ihnen zu fördern. Also: Smart posten statt viel zahlen. Gerade für Non-Profit-Organisationen (und natürlich die Kirche) sollte dies die erste Option sein.

Dazu muss man wissen, wie Facebook filtert, welchen Algorithmus Facebook benutzt, um die Relevanz von Posts zu bestimmen. Hier kommt der *Edgerank* zum Einsatz, er ist die „secret sauce", mit der Facebook den Newsfeed zusammenkocht.

Um smart zu posten, brauche ich kein Proseminar Informatik, die United Methodist Church hat das Thema aufbereitet [42]:

> "No matter how many fans you have on Facebook, you are only reaching a small fraction. According to comScore, on average, only

8.6 Edgerank heißt Facebooks „geheime Soße" 117

16% of fans are reached by branded content when a brand posts five out of seven days. However, Facebook's 'secret sauce' has been unveiled. Learn how to reach more fans simply by understanding how EdgeRank scores your content."

Hier — als Fazit — die vier Grundregeln für das effektive Posten auf Fanpages:

1. Fotos sind mit großem Abstand die Inhaltstypen, die am ehesten zu einer Interaktion führen. Sie sind unmittelbar eingänglich, User müssen nicht noch erst *Play* drücken, damit sie abspielen oder sich zu einer anderen Website durchklicken. Fotos sind entweder sofort heiß oder man überspringt sie.

2. Video-Inhalte kommen an zweiter Stelle.

3. Status-Updates folgen auf Rang drei, weil sie einfach sind und wie Fotos sofort erfasst werden können. Sie haben keine langen Ladezeiten und eignen sich besonders gut für mobile Internetnutzung.

4. Links stehen an vierter Stelle, können aber wirksam sein, insbesondere dann, wenn sie mit anderen beliebten Content-Typen wie z. B. Fotos gepaart werden.

Hinweis: Videos ohne jede Beschreibung laufen am schlechtesten, ob Foto, Video oder Link, man muss sie in einen Kontext setzen, der die Relevanz für den User unmittelbar deutlich macht.

Auch für die Textlänge gilt, die meisten Reaktionen hatten Posts mit Fotos, Videos oder Links, wenn der Begleittext eine Zeichenlänge von mindestens 141 Zeichen hatte. Bei Fotos sind 141–280 Zeichen Text top, für Links, Status-Meldungen und Videos sind 281+ Zeichen das Optimum. Folgerung: Keine Twitter-Tweets auf Facebook posten.

Außerdem so texten, dass eine Interaktion leicht erfolgen kann. Die Amerikaner nennen das: *Call to action*. Negativbeispiel: wer klickt schon auf eine Katastrophenmeldung: *Gefällt mir*. Also lieber positiv formulieren, dass der *Gefällt-mir*-Klick leicht fällt.

Außerdem: *Facebook is not one size fits all*. Die generellen Folgerungen können je nach Zielgruppe der Fanpage abweichen. Daher ist es wichtig, die eigenen Statistiken regelmäßig auszuwerten.

Inhaltstypen, die keine Resonanz hevorrufen, besser zurückfahren, sie beeinflussen sonst den eigenen Score nur negativ.

Bei allem aber nicht den Spaß beim facebooken vergessen, nur wenn es einem selbst gefällt, kann man andere anstecken.

Ausführlicher (und auf die US-Situation bezogen) erläutert [42], mit welcher Soße Facebook kocht.

Happy Facebooking!

8.7 Eine Farce: User-Abstimmung auf Facebook

Surprise! Überraschung, Facebook-Nutzer stimmen gegen Änderungen der Datenschutzrichtlinie ab, so titelt *NBCNews.com Technology* [39]. Die von Facebook vorgeschlagenen Änderungen würden eine Abschaffung von Nutzermitbestimmung bedeuten, außerdem möchte sich Facebook das Recht geben, Informationen mit Partnerunternehmen auszutauschen. Ebenso bezieht sich die Abstimmung auf Instagram und Nutzungsrechten von Inhalten, die User auf Facebook erstellt haben bzw. deren Weitergabe an Facebook. Ein Schelm, wer Böses dabei denkt. Durch die vorgeschlagenen Neuerungen werden Nutzerrechte weiter eingeschränkt. Dies betrifft gerade das Verfahren der Mitbestimmung von Nutzern durch Abstimmungsprozesse wie eben diesen hier. Damit die Abstimmung für Facebook bindend ist, muss sie ein Quorum von 30% aller User erhalten, das sind zurzeit rund 300 Millionen.

Vor wenigen Minuten habe ich abgestimmt, die Abstimmung dauert nur noch wenige Stunden. Nach der Stimmabgabe darf man einen Blick auf den Zwischenstand werfen, dieser ist recht eindeutig, rund 88 Prozent sprechen sich gegen die Änderung aus, nur rund 12 Prozent dafür.

Sind die Änderungen damit vom Tisch? Mitnichten, solange das Quorum von 30 Prozent nicht erreicht ist, hat die Abstimmung nur empfehlenden Charakter. Wahrscheinlich wird Facebook aber argumentieren, dass das Verfahren der Abstimmungen sich nicht bewährt habe, da die Wahlbeteiligung nur etwas über 0,6 Promille liege. Also trotz gegenteiligen und eindeutigen Votings derjenigen, die ihre Stimme abgegeben haben, wird das Abstimmen wahrscheinlich abgeschafft werden. Und Facebook kann dann in Zukunft machen, was es möchte — ohne dass die Nutzer sich querstellen können. Dann wird deutlich: Facebook ist keine große Gemeinschaft, sondern eine Plattform, die durch schiere Größe sich eine monopolartige Stellung erworben hat.

Für Monopole jedoch gilt: Hier muss Regulierung greifen, denn Monopole können missbraucht werden, davor müssen Verbraucherinnen und Verbraucher geschützt werden. Es scheint, die EU-Kommission bringt sich bereits in Stellung, wie *NBCNews* berichtet. Spannend, wie es dann ausgeht.

Wer sich den gesamten Abstimmungsprozess ansieht, merkt, der Fehler liegt im System. Warum sollten User gegen eine Verschlechterung ihrer Rechtspositionen zugunsten von Facebook abstimmen? Dafür gibt es keinen Grund. Also bemüht sich Facebook, dass die Wahlbeteiligung gering

> **facebook**
>
> Facebook, Inc. and Facebook Ireland Ltd., which together operate the Facebook service worldwide, recently posted some proposed updates to our **Data Use Policy** and our **Statement of Rights and Responsibilities** for your review and feedback. Those updates provided more detailed information about our practices, reflected changes to our products, and modified how we conduct our site governance process.
>
> The period for submitting your comments has ended, but you can still provide feedback on those proposals by taking part in our site governance vote. To learn more about our proposed updates (which include additional clarifications based on your comments) and the vote, please visit our Site Governance Page. Voting will end on December 10, 2012 at 12 PM (PST) / December 10, 2012 at 8 PM (GMT). We encourage you to review and vote on the proposed versions of our governance documents.
>
> Thank you for your feedback and participation in this process.

Abb. 8.3. Einladung zum Facebook-Voting per Email

bleibt, versendet nur unübersichtliche Wahlbenachrichtigungen per Mail und gestaltet auch die Voting-Page so, dass nur schwer verständlich ist, welcher Klick wofür ist. Massen erreicht man so nicht. Wollte man ja aber offensichtlich auch nicht.

Und nun kann Facebook gleich das ganze Verfahren abschaffen. Voila.

Zum Abspann daher noch die „Wahlbenachrichtigung" und ein Blick auf die Abstimmungsseite. Kein Wunder, dass nur so wenige Facebook-User abgestimmt haben. Und wahrscheinlich war es auch das letzte Mal.

Es kam wie erwartet: Die Abstimmung ist vorbei und `allfacebook.de` [76] titelt: „Facebook setzt neue Datenverwendungsrichtlinien und Erklärung der Rechte und Pflichten in Kraft."

8.7 Eine Farce: User-Abstimmung auf Facebook

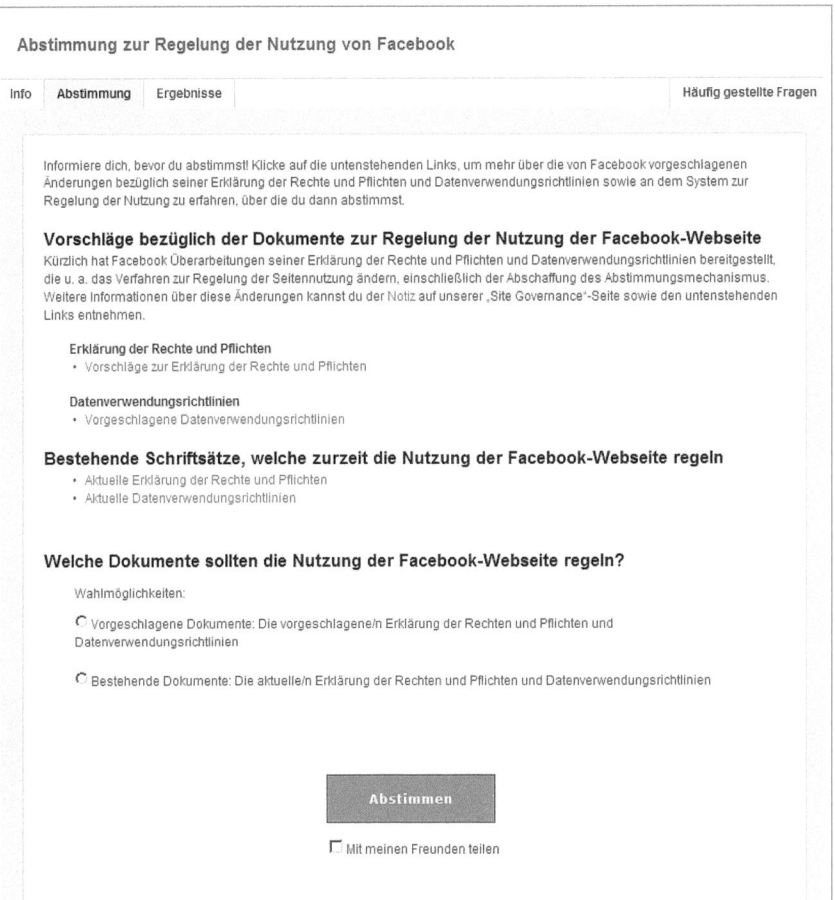

Abb. 8.4. Abstimmungseite auf Facebook

8.8 Social Graph: Endlich kann ich auch dahin, wo meine Freunde essen gehen

Endlich ist die Wartezeit vorbei, beim Einloggen erhielt ich von Facebook die Mitteilung, dass die Social-Graph-Suche für mich freigeschaltet wurde. Irgendeinen Benefit musste ich ja doch noch haben, dass ich Facebook immer noch in *English (USA)* nutze, deutschsprachige Facebook-Nutzerinnen und -Nutzer müssen noch warten.

Abb. 8.5. Restaurants, die meinen Facebook-Freunden gefallen

Ich schalte die Suche an, Facebook beginnt mit einer Tour. Ich klicke mich selbst tiefer durch. *Easy to use.* Leider habe ich heute am Abend schon etwas vor, sonst könnte ich in eines der Restaurants gehen, wo Freunde schon von mir waren und denen es dort gefallen hat. Ich gebe die Stadt ein und schon finde ich Restaurants, die meine Freunde positiv bewertet haben. Ich kann natürlich weiter differenzieren in meiner Suche nach Ort der Freunde etc. Statt nach Restaurants kann ich auch nach Musik fahnden, die meine Freunde hören, nach Spielen suchen oder mir Fotos meiner Freunde in einer bestimmten Stadt anzeigen lassen.

Facebook: eine individuelle Suchmaschine?

Facebook wird über den Social Graph zur individuellen Suchmaschine. Die Technik bietet das. Facebook will das. Dies zeigt sich nicht zuletzt daran, dass die Social Graph Suche das Facebook-Logo oben rechts auf der Seite ersetzt. Mehr kann man ein neues Feature fast nicht pushen. War die Suche in Facebook immer ein Problem, ist sie nun einfach und sinnvoll möglich. Jetzt kommt aber das große Aber. Die Social-Graph-Suche macht nur Sinn, wenn es genügend persönliche Inhalte gibt, über die solch eine Suche stattfinden kann. Wer nur einen Freund hat, braucht nicht zu suchen, welche Musik dieser hört. Wer nach Restaurants sucht, braucht Freunde, die diese Stadt schon besucht haben. Nur zum Beispiel: Ich habe ca. 440 Freunde, in Berlin (einer Stadt, in der ich nicht lebe) finde ich damit 15 von Freunden „gelikete" Restaurants. Damit lässt sich bereits etwas anfangen, wenn ich einen Abend plane. Bei kleineren Städten oder mit weniger Freunden dürfte die Ergebnisse erheblich schmaler ausfallen oder irrelevant werden. Der Social Graph macht also nur Sinn, wenn ich — und ebenso meine Freunde — entsprechend viele soziale Daten in Facebook angebe.

Der soziale Mensch

Bisher habe ich vermieden, in Restaurants einzuchecken und diese über Facebook online zu bewerten. Datensparsamkeit ist mein Prinzip. Wenn ich aber eine Social Graph Suche nutze, profitiere ich von den Daten, die meine Freunde eingeben. Ich fühle mich als Social-Schmarotzer, wenn ich auf die Empfehlungen meiner Freunde baue, ihnen aber selbst keine zur Verfügung stelle. Indirekt ist Social Graph daher ein Aufruf, soziale Daten Facebook zur Verfügung zu stellen [73]:

"The Promise & Challenge

[...] Need a good plumber? An electrician? Someone to do your taxes? A doctor? A dentist? These are all typically questions that are great to ask friends. You trust friends. With Facebook Graph Search, there?s the promise of asking all your friends this at once without actually having to ask them. You can just search and discover professionals like this that they like.

That all depends, however, on whether those professionals themselves have created a presence for themselves on Facebook. In turn, it also depends on whether those who use them have also liked them. Without those connections, there's nothing to mine.[...]

Fixing The Disconnected Me

Consider me. Not only have I not liked my electrician, my plumber, my dentist, my doctor or my tax person on Facebook, but I don't even know if they have Facebook pages. I have nothing to offer to my Facebook friends in this regard."

8 Facebook-Strategie und -Marketing

Wird die Social-Graph-Suche auf Facebook zum Erfolg, werden wir zum gläsernen Menschen. Inhalte, die bisher in der Unübersichtlichkeit der Timeline verloren gingen, werden nun mit wenigen Klicks auffindbar.

Ich sehe das Potenzial, schrecke aber vor den Konsequenzen zurück.

> Gott, du durchschaust mich, du kennst mich bis auf den Grund.
> Ob ich sitze oder stehe, du weißt es, du kennst meine Pläne von ferne.
> Ob ich tätig bin oder ausruhe, du siehst mich;
> jeder Schritt, den ich mache, ist dir bekannt.
> Von allen Seiten umgibst du mich, ich bin ganz in deiner Hand.
>
> (aus Psalm 139)

Kann man bald Gott durch Mark Zuckerberg ersetzen?

9
Religion in der Netzcommunity

9.1 Digitaler Marktplatz ohne Kirche?

Zurzeit ist die *re:publica*[1] ein Mikrokosmos im Zentrum Berlins, vom 2. bis 4. Mai treffen sich Social-Media-Experten und Internet-Interessierte zu Sessions, Präsentationen und Diskussionen. Gemeinsam überlegen sie, wie das Internet unsere Gesellschaft verändert, und probieren selbst neue Technologien aus. Die *re:publica* ist irgendwie selbst das digitale Dorf, über das hier gerade diskutiert wird [63]. Die große Frage ist, nach welchen Regeln leben wir im digitalen Dorf zusammen:

> „Twitter-Revolution, Facebook-Frühling & Co: Politische Meinungsäußerung und gesellschaftliche Diskussion finden in der digitalen Welt ganz wesentlich auf privatwirtschaftlich betriebenen Plattformen statt. Wie vertragen sich die Grundrechte der Nutzer mit den wirtschaftlichen Interessen der Betreiber? Bestimmen (künftig) Allgemeine Geschäftsbedingungen, wer digital öffentlich stattfindet? Wer entscheidet, was öffentlich wird, was öffentlich bleibt? Welche Rolle spielen nationale rechtliche Rahmenbedingungen? Welche Handlungsmöglichkeiten haben die Betreiber, welche die Nutzer?"

Im Mittelalter waren die Rollen für verschiedene Lebensbereiche wohl definiert, die Kirche nahm dabei auch verschiedene Funktionen des öffentlichen Lebens wahr, heute stellt sich die Frage, was dem modernen Staat vorbehalten ist und welche Funktion große transnationale Unternehmen

---

[1] Vgl. `http://archiv.re-publica.de/category/year/2012/`

heute haben. Im Mittelalter dominierte die Kirche den öffentlichen Diskurs, was sich nicht zuletzt in der Architektur und Stadtplanung niederschlug. In mittelalterlichen Städten liegen Kirche und Rathaus am Marktplatz sich gegenüber. In der Gesellschaft des 21. Jahrhunderts ist dies nicht mehr der Fall, die Kirche hat ihre Dominanz verloren, aber auch dem Staat wird im 21. Jahrhundert eine andere Rolle zugeschrieben. Marktplätze wie Facebook, die von einzelnen Firmen dominiert werden, stellen die Frage nach deren Regulierung, denn die ökonomische Globalisierung und die Verlagerung von Prozessen in die Online-Welt haben unsere Gesellschaft verändert. Neben Technologie geht es bei diesen Fragen eben auch um Ethik für die digitale Welt.

Stehen in Dörfern und Städten noch Kirchen aus Stein, gibt es für Radio und Fernsehen noch Rundfunkräte, in denen Kirchenvertreter Mitglieder sind, so fällt das Fehlen von Kirchen im digitalen Dorf der *re:publica* nichtmals auf. Dies ist kein Wehklagen und kein Herbeisehnen mittelalterlicher Verhältnisse, sondern eine Feststellung.

Umgekehrt müsste man vielmehr fragen, wo haben wir als Kirche die Kompetenz und die Akzeptanz, hier in einen medienethischen Diskurs überhaupt einzutreten. Verstehen wir wirklich, wie die digitale Welt funktioniert und haben wir dies theologisch durchdacht? Nur wer eine eigene Position hat, kann diese auch einbringen. Um an einem Beispiel konkret zu werden: Was ist die evangelische Position zum Copyright?

Auf der anderen Seite wird auf der *re:publica* viel über Ethik geredet. Es ist bezeichnend, wenn Sascha Lobo (wenn auch nur in einem Nebensatz) vom „Menschenbild der EU" spricht und daraus Forderungen für das digitale Dorf ableitet (wobei er gleichzeitig den Begriff des digitalen Dorfes kritisiert, der wohl eher deshalb verwendet werde, weil er eine solch schöne Alliteration sei).

Spannend die Frage, wie sich dieses „europäische" Menschenbild zum christlichen Menschenbild verhält? Welche Konsequenzen ergeben sich aus dem christlichen Menschenbild für die digitale Gesellschaft?

Wie kann sich die Kirche in den Diskurs um die Zukunft der digitalen Gesellschaft einbringen? Sicherlich nicht von oben herab, sondern nur dadurch, dass sie medienethische Kompetenz zeigt und sich in Projekten engagiert. Dabei könnte man mit einer konkreten Initiative anfangen. *OER* — kurz für *Open Educational Resources*, also die Forderung nach freien Unterrichtsmitteln — steht für Bildungsrechtigkeit. Verschiedene Akteure haben sich zu einer Initative zusammengeschlossen, um das Ziel

9.1 Digitaler Marktplatz ohne Kirche? 127

Abb. 9.1. Tweet zur *re:publica*

freier Unterrichtmittel voranzutreiben und ein Whitepaper verfasst [17]. Wer engagiert sich in dieser Initative? Google unterstützt sie. Die Kirche nimmt *OER* noch nicht wahr, obwohl es kirchliche Schulen gibt und Kirche mit dem Religionsunterricht sogar ein Schulfach mitverantwortet und Zugang zu Bildung eine kirchliche Forderung ist, die für Deutschland und die Entwicklungsarbeit gilt.

OER könnte ein Feld sein, indem sich die Kirche aktiv einbringen kann. Die Voraussetzungen sind gut, denn sie kann auf ethische und religionspädagogische Kompetenz zurückgreifen. Wenn sie hier Erfahrung sammelt und glaubwürdige Positionen entwickelt, lässt sich die so erworbene Kompetenz auch auf andere Bereiche der Diskussion zur digitalen Gesellschaft einbringen. Kirche ist in den Diskussionen zu Social Media nicht mehr als Gesprächspartner auf den Podien gesetzt, sie wird nicht gefragt und von der digitalen Community nichtmals vermisst. Hat sie etwas Substanzielles zu sagen? Ich denke ja, allerdings muss sie sich selber als Gesprächspartner anbieten und ihre Positionen für die digitale Gesellschaft entwickeln. Wenn Kirche — bzw. Menschen, die sich für die Kirche in diesen Bereichen engagieren — sich auf Augenhöhe in Medieninitiativen einbringen, gewinnen sie Glaubwürdigkeit in der Community und Kompetenz. Nur so akzeptiert man sie als Gesprächspartner im digitalen Dorf — auch zu anderen medienethischen Fragen.

9.2 Religion bei Netizens: Bist Du dagegen oder dagegen?

Darf ein Arzt eine Beschneidung vornehmen, auch wenn diese medizinisch nicht notwendig ist, sondern aus religiösen Gründen erfolgt? Nein sagt das Landgericht Köln [48], das sei bei Minderjährigen verboten:

> „Denn im Rahmen einer vorzunehmenden Abwägung überwiege das Grundrecht des Kindes auf körperliche Unversehrtheit vorliegend die Grundrechte der Eltern. Ihre Religionsfreiheit und ihr Erziehungsrecht würden nicht unzumutbar beeinträchtigt, wenn sie gehalten seien abzuwarten, ob sich das Kind später selbst für eine Beschneidung entscheidet."

Dieses Urteil wird natürlich auch im Internet diskutiert. Es stellt die bisher geübte Beschneidungspraxis bei muslimischen und jüdischen Jungen in Frage. Um Rechtsklarheit zu schaffen und die religiös motivierte Beschneidung weiterhin zu erlauben, wird eine Gesetzesänderung diskutiert, der Vorsitzende des Zentralrates der Juden, Dieter Graumann, hält beispielsweise ein „Beschneidungs-Gesetz" für ein „richtiges Signal"[78].

Nun müssen sich die politischen Parteien positionieren. Es geht um die Güterabwägung zwischen Religionsfreiheit, Elternrecht und dem Recht auf körperliche Unversehrtheit des Kindes und um die Frage, was dem Kindeswohl dient.[2]

Bei der online-affinen Partei der Piraten geschieht die Meinungsfindung natürlich im Internet, so bei der Piratenpartei Hessen, die zwei Meinungsbilder zur Abstimmung stellt [58]:

„Meinungsbild 1

Möchtest du, dass die Piratenpartei Hessen folgende Position einnimmt?

Die Piratenpartei Hessen lehnt medizinisch nicht notwendige Beschneidungen an nicht einwilligungsfähigen Kindern ab. Das Recht auf körperliche Unversehrtheit des Kindes wiegt schwerer als die Religionsfreiheit der Eltern. Beschneidungen ohne wirksame Einwilligung des Betroffenen sollen daher als Körperverletzung strafbar sein.

---

[2] Zwischenzeitlich (im Dezember 2012) hat der Bundestag entschieden und den §1631d ins BGB eingefügt, der die Beschneidung des männlichen Kindes mit Zustimmung der Eltern bzw. Sorgeberechtigten erlaubt.

9.2 Religion bei Netizens: Bist Du dagegen oder dagegen? 129

Meinungsbild 2

Möchtest du, dass die Piratenpartei Hessen folgende Position einnimmt?

Die Piratenpartei Hessen lehnt sämtliche medizinisch nicht notwendigen chirurgischen Eingriffe an Kindern unter 14 Jahren ab. Solche Eingriffe sollten nur mit Einwilligung der betroffenen Person erfolgen, welche von Kindern nicht wirksam erteilt werden kann. Die Piratenpartei Hessen setzt sich daher dafür ein, dass solche Eingriffe grundsätzlich verboten und als Körperverletzung strafbar sind.

Unter diese Regelung fallen beispielsweise Schönheitsoperationen, aber auch Beschneidungen. Das Recht auf körperliche Unversehrtheit des Kindes wiegt schwerer als die Entscheidungsfreiheit (und im Falle von rituellen Beschneidungen Religionsfreiheit) der Eltern."

Bist Du dagegen oder bist Du dagegen — das sind verkürzt die Alternativen, die zur Abstimmung stehen. Natürlich hat jeder/jede die Option, sich zu enthalten, oder gegen das Dagegen-Sein zu sein, also mit Nein bei beiden Meinungsbildern zu antworten, und so Ja zur religiösen Beschneidungspraxis zu sagen.

Ohne die Gepflogenheiten der Piraten zu kennen, halte ich es jedoch für bezeichnend, dass kein Meinungsbild zur Abstimmung gestellt wird, dass eine Beschneidung von Jungen aus religiösen Gründen ermöglichen soll.

Hinter den beiden Optionen zur Meinungsbildung steht die Einstellung, dass Religion eine private Angelegenheit ist, auf die man sich als Erwachsener oder Erwachsene (oder Jugendliche bzw. Jugendlicher) einlassen kann, sofern man selber dazu wirksam eine Einwilligung geben kann. Bis dieses Alter erreicht ist, gehören religiöse Rituale oder Initiationen aus der Kindererziehung verbannt — zumindest wenn sie körperliche Folgen haben, wie eine Beschneidung.

Man kann dies weiter verallgemeinern: Erziehung soll religiös neutral sein, bis Jugendliche oder Erwachsene sich selber entscheiden. Dies kann man fordern und auch auf das Christentum übertragen: Erwachsenentaufe statt Kindertaufe hieße dann die Forderung.

Natürlich gibt es christliche Gemeinschaften und Kirchen, die eine Erwachsenentaufe praktizieren, aber aufgrund ihres theologischen

Verständnisses, genauso wie die Landeskirchen aus theologischen Gründen die Kindertaufe als Praxis haben.

Die Religionsfreiheit gebietet es bzw. erlaubt es, dass die Religionsgemeinschaften selber bestimmen können, wer wann und wie ihr Mitglied wird und wie Mitgliedschaft definiert wird und welche Rechten und Pflichten ein Mitglied hat.

Juristisch wird zwischen positiver und negativer Religionsfreiheit unterschieden. Positive Religionsfreiheit heißt, ich habe das Recht, mein Bekenntnis zu leben. Dies gilt natürlich auch für Kinder.

Bei der Diskussion um die Beschneidung wird oft über das Kindeswohl gemutmaßt. Hier vermisse ich persönlich die Stimmen, die sagen: Ja, es ist gut, wenn ein Kind innerhalb einer Religion aufwächst. Religion dient auch dem Kindeswohl.

Christliche Eltern, die ihre Kinder taufen lassen, versprechen gemeinsam mit den Patinnen und Paten der Täuflinge, für die christliche Erziehung der Kinder Sorge zu tragen. Ihr Ziel ist es, dass die Kinder später durch die Konfirmation Ja zur Taufentscheidung der Eltern sagen — und natürlich haben die Jugendlichen die Möglichkeit, sich auch anders zu entscheiden.

Kindertaufe (und auch die Beschneidung) bedeuten, man lernt eine Religion und Tradition von innen heraus kennen. In diesem Verständnis ist Religion an sich ein positiver Wert.

Dies scheint aber kein gesellschaftlicher Konsens mehr zu sein — zumindest nicht bei Netizens.

Dies deckt sich mit der Beobachtung, dass die Netzkultur areligiös geprägt ist (vgl. 9.1). Umgekehrt lässt sich bei vielen Christinnen und Christen eine Skepsis gegenüber dem Internet beobachten, die Gefahren des Internet werden beschworen, man betont die Wichtigkeit der Gemeinde vor Ort gegenüber nur *virtuellen* Begegnungen.

Netzkultur und Christentum schließen sich nicht aus, dies ist meine tiefe Überzeugung. Aber es ist noch viel zu tun, damit es zu einem fruchtbaren Dialog kommt. Die Diskussion um die Beschneidung ist ein Symptom und zeigt, wieviel Vermittlungsarbeit noch notwendig ist.

9.2 Religion bei Netizens: Bist Du dagegen oder dagegen?

Kommentare

Bei dem Urteil irritiert mich, dass das Recht des Kindes auf Unversehrtheit gegen das Recht der Eltern auf Erziehung gestellt wird, vom Recht des Kindes auf eine Religion keine Rede ist. Klar ist das Kind nicht religionsmündig, was dazu führt, dass die Eltern (oder andere Erziehungsberechtigte) hier die notwendigen Entscheidungen treffen. Aber nicht aus ihren Erziehungsfreiheiten alleine heraus, sondern weil sie die Entscheidungen für das Kind übernehmen. Es wird vom Gericht also vorausgesetzt, dass das Kind kein Interesse an einer Religionszugehörigkeit hat oder haben kann, bzw diese nicht im Kindeswohl stehe. Für einen weltanschaulich neutralen Staat eigentlich ein sehr fragwürdiger Vorgang.

„Was sind das für Religionen, die sich solch merkwürdiger Rituale bedienen müssen?" Die „anderen" sind immer komisch, oder nicht? Es ist eine ganz heikle Sache, über die Gepflogenheiten und Traditionen anderer zu urteilen. Die Antwort auf obige Frage wäre also wohl: Es sind zwei Weltreligionen, Judentum und Islam. Diese Antwort führt uns aber nicht weiter, weil sie die in der Frage eingebaute Diskriminierung nicht aufnimmt.

„Wie viele Wähler in Deutschland wollen eine Partei, die zwei Religionen de facto verbieten würde?" Ich befürchte, nicht wenige. Aber vielleicht bin ich zu pessimistisch. Dafür kann ich mich freuen, wenn es doch nicht so schlimm ist.

* * *

Die Alternativen „Nein" oder „Nein" sind wirklich schade. Auch aus Sicht der Piraten halte ich das für politisch unklug. Sie manövrieren sich für die breite Masse selbst ins Aus. Wie viele Wähler in Deutschland wollen eine Partei, die zwei Religionen de facto verbieten würde?

* * *

Ich finde, man sollte ein paar Unterscheidungen treffen:

1. Soll oder darf ein Kind mit einer religiösen Erziehung aufwachsen? Da es sich nicht selbst entscheiden kann, ist es eindeutig ja. Es kann sich ja später anders entscheiden.

2. Darf dies mit religiösen Ritualen verbunden sein? Kommt drauf an, wenn sie mit Körperverletzung verbunden sind, eindeutig nein. Die Taufe ist somit nicht mit der Beschneidung zu vergleichen. Würde die Taufe aus einem kompletten untertauchen bestehen, wäre das schon wieder etwas anderes.

Die Beschneidung ist möglicherweise gar nicht so harmlos, wie viele denken, siehe dazu diesen Artikel: taz.de/Debatte-um-Beschneidung/!97961

Religiöse Rituale dürfen sich verändern und manchmal ist dazu Druck von außen, hier vom Gesetzgeber nötig.

Und überhaupt: Was sind das für Religionen, die sich solch merkwürdiger Rituale bedienen müssen?

Ich glaube nicht, dass es grundsätzlich areligiös ist, gegen die Beschneidung zu sein. Und insofern ist die Netzkultur nicht mehr oder weniger religiös, als unsere Kultur an sich.

In dem Zusammenhang: Unsere Kultur ist äußerst religiös. Nur sind die religiösen Objekte eher Fußballvereine oder Popstars. . . .

Religiosität schein tatsächlich ein menschliches Grundbedürfnis zu sein. Und daher wird sie verlagert und unsichtbar. Wenn wir genau hinschauen, finden wir überall religiöse Symbole und Verhaltensweisen: in Kultur, Musik, Mode, Kunst und Sport. Fußballfans kriegen Rituale hin, von denen die katholische Kirche nur träumen kann.

Eine andere Verlagerung stellt die Wellness-Welle dar. Nicht umsonst ist von „Wellness-Tempeln" die Rede. Eine Sehnsucht nach Tempeln, ein Bedürfnis nach Eins-Sein wird befriedigt. Allerdings nur für kurze Zeit.

* * *

Hallo!

Ich würde das Ganze mal nicht aus religiöser Perspektive aufziehen, sondern aus ganz allgemeiner elterlicher Sicht.

Ich frage mich: Was kommt als Nächstes?

Jetzt ist erst mal Ohrloch-Stechen vor Gericht.

Darf ich demnächst meinen unter 18 Jahre alten Kindern ein Messer geben? Werde ich dann belangt, wenn sie sich in den Finger schneiden?

Darf ich den Kindern Fußball-Spielen erlauben? Es ist bekanntlich eine der unfallträchtigsten Sportarten, und Kinder können doch in ihrer Begeisterung gar nicht abschätzen, welche Folgen damit verbundene zwar unabsichtliche, aber dennoch in Kauf genommene Nebenfolgen diese oder andere Sportarten haben können.

Dürfen Kinder Fahrrad fahren?

Was dürfen Eltern demnächst noch alles nicht mehr entscheiden?

Dürfen Kinder mit auf Beerdigungen? Irgendwer kommt bestimmt auf die Idee, so etwas könnte Kinder unnötig traumatisieren.

Unser Ältester hatte bei einem Sturz einmal einen kleinen Riss im Ohr, und wir mussten kämpfen, bis sich ein Arzt bereit fand, diesen Riss ohne Vollnarkose mit örtlicher Betäubung zu nähen. Wir haben ihn liebevoll im Arm gehalten, der Arzt hat eine lokale Betäubung gespritzt, und dann war der Riss genäht. Ich will sagen: wo sind die Maßstäbe?

Das Leben trägt nun einmal ein gewisser Risiko an Schmerz mit sich, und im täglichen Leben lassen wir uns immer wieder und wieder darauf ein, wenn wir es für vertretbar halten. Und dann kommt etwas Salbe darauf, und dann geht es auch wieder. Bei der Beschneidung von Jungen geht es doch nun wirklich nicht um einen irgendwie lebensgefährlichen Eingriff.

Und immer wieder treffen wir als Eltern Entscheidungen, die dem Wohl der Kinder dienen, auch wenn sie mit einem Risiko behaftet sind.

Sie dürfen in einem verschmutzten Sandkasten spielen, trotz des Infektionsrisikos, weil gleichzeitig das Immunsystem angeregt wird und die Kinder insgesamt weniger anfällig sind und das Risiko von Allergien sinkt.

Sie dürfen auf Klettergerüste, obwohl sie stürzen können, weil es Spaß macht, weil es ihre Muskulatur stärkt und das Sturzrisiko insgesamt sinkt.

Sie dürfen auf Klassenfahrten, obwohl jedes Jahr Busse verunglücken.

Wir können und dürfen Kinder nicht in Watte packen.

Und umgekehrt: Da wo Kindern in einer schädlichen Weise Gewalt angetan wird, müssen wir aktiv werden. Dazu gehört ganz sicher die Klitorisbeschneidung, dazu gehört aber auch Tempo 30 in Städten außerhalb ausgezeichneter Vorfahrtsstraßen, dazu gehören zynische Sprüche von Lehrern, durch die Schülerinnen und Schüler gemobbt werden, dazu gehört so vieles, das wichtiger wäre als der Hype um die religiöse Beschneidung.

9.3 Gamescom: Lasset das Klagen!

Die Hallen der *Koelnmesse* sind voll, es dröhnt aus den teilweise abgedunkelten Hallen. Riesige Leinwände, das Publikum reicht vom Teenie-Alter bis zu mittleren Jahrgängen.

Abb. 9.2. Großer Andrang auf der Gamescom

Gamescom heißt der Event, der über eine Viertel Million Besucher in die Domstadt bringt.[3]

Im Entertainment-Bereich, der allen Interessierten offen steht, bilden sich Menschentrauben um meterhohe Projektionsflächen, auf denen die Besucher mit- und gegeneinander ihre Lieblingsspiele spielen. Wer Zuhause auf Konsolen oder am PC spielt, kann hier in den Menschenmassen aufgehen.

In der Business-Area, die nur Fachbesucherinnen und -besuchern offensteht, zeigt sich, wer hinter den Spiele-Produktionen steht. Für Kinofilme reicht die Verwertungskette auch bis zum Konsolenspiel, folglich findet man z.B. auch *Warner Bros.* unter den Ausstellern.

Die Stimmung ist gut, einige haben sich als Charaktere aus der Online-Spiele-Welt verkleidet.

---

[3] Die *Gamescom 2012* fand vom 15. bis 19. August 2012 in Köln statt und erreichte mit 275.000 Gästen erneut den Besucherrekord des Vorjahres.

Mir kommt die Erinnerung an den Kirchentag 2007 in Köln, der auch in den Deutzer Messehallen stattfand. Allerdings ist bei der *Gamescom* der Altersdurchschnitt deutlich jünger und die Hallen sind noch voller. Sowohl Kirchentag als auch *Gamescom* stellen eine eigene Welt dar — allerdings sind diese Welten sehr unterschiedlich

In den elektronischen Spielen taucht man in eine jeweils eigene Welt ein, man kann sie sich aussuchen, die Möglichkeiten sind nur durch den Markt beschränkt, der immens ist. Was ist das Faszinierende an den einzelnen Spielen? Was beflügelt mich, mir ein bestimmtes auszusuchen, mit dem ich dann viel Zeit verbringe? Die gekonnte Gestaltung virtueller Wirklichkeit mag dabei ein gewichtiger Faktor sein, hochauflösende Grafik lässt vergessen, dass es nur eine elektronische Realität ist.

Beim Gang durch die Hallen habe ich bei den Spielen keinen religiösen Content gesehen. Ich will jetzt nicht lamentieren und klagen, so wie es der EKD-Medienbeauftragte in Bezug auf den Rundfunk tut, dass im TV zu wenig Kirche vorkommt [25], (wobei er ja durchaus der Sache nach Recht hat), sondern überlegen, woran es liegen kann.

Ich war an der Entwicklung des letztes EKD-Online-Spieles spiel.calvin.de im Kirchenamt der EKD beteiligt, es stammt aus dem Jahre 2009. Didaktisch und auch vom Content her ist es sicher hochwertig. Allerdings war das Budget so gering, dass eine Realisierung in einer Technik, die die Attraktion von Online-Spielen auch 2009 ausgemacht hätte, nicht möglich war.

Ich will nicht klagen, sondern es geht zunächst ums Wahrnehmen. Man mag kirchliche Präsenz bzw. fehlende Präsenz in den Medien beklagen, dabei ist aber in der Regel Print, Rundfunk, Film oder Internet Gegenstand der Betrachtung. Spiele sollten wir aber auch in den Blick nehmen, sie führen zu einem intensiveren Erleben als die klassischen und elektronischen Medien. Welches Budget und Engagement sind sie uns wert?

Ich besuchte die *Gamescom* mit einem Kollegen einer christlichen Jugendorganisation aus Finnland und diskutierte diese Fragen auch mit ihm. Er erzählte, wie auf Spiel-Events in Finnland (natürlich bedeutend kleiner als die *Gamescom*), die Kirche Ruheräume und Gesprächsmöglichkeiten anbietet. Sie ist präsent, wo Spielerinnen und Spieler sind. Ein Modell für uns? Statt zu klagen, kann man etwas tun.

Kommentare

Neben der fehlenden Präsenz der Kirchen, die aus meiner Perspektive auch durchaus wünschenswert wäre (in welcher Form auch immer), stellt sich, glaube ich, noch eine weitere Frage. Du schreibst: „Beim Gang durch die Hallen habe ich bei den Spielen keinen religiösen Content gesehen." Das halte ich fast für unmöglich, auch wenn ich selbst bei der *Gamescom* nicht war. Sicher — kirchlichen (!) oder spezifisch christlichen Inhalt mag man nicht finden.

Ich glaube aber, dass es wichtig ist, hier zu differenzieren. Denn nur dann kann man wahrnehmen, dass in vielen Computerspielen Dinge verarbeitet und angeboten werden, die sonst aus Religion und Kirche kommen. Daraus folgt: Ein religiöses Bedürfnis ist in irgendeiner Form da, und es muss gestillt werden. Ich denke, vor allem Transzendenz und die Erlösersymbolik spielen in vielen Computerspielen eine wichtige Rolle. Es wäre durchaus interessant, sich das mal genauer anzuschauen. Und es wäre m.E. auch ein sehr guter Anknüpfungspunkt für Kirche und Gemeinden.

Viele Grüße!

* * *

Hallo N.N.,

danke für den Kommentar. Erlösersymbolik und Transzendenz (erschafft sich der Spieler eine eigene Welt und ist so deren Schöpfergott?) sind sicher Themen, über die sich das Nachdenken lohnt. Meine Anmerkung zu kirchlichen Inhalten bezog sich darauf, dass z.B. nackte Kirchen in Spielen vorkommen, wo man sich Städte bzw. Dörfer konstruiert. Aber wie in der Überschrift gesagt, ich will nicht klagen, sondern zuerst wahrnehmen.

* * *

Die virtuelle Kinderkirche

Die virtuelle Kinderkirche ist eine interaktive, virtuelle Kirchenwelt der evangelisch-lutherischen Kirche in Finnland, die Kindern zwischen sechs und zwölf Jahren die Grundlagen des christlichen Glaubens näher bringen möchte. Seit ihrer Eröffnung im Januar 2009 hat sie bereits 17.000 registrierte Benutzer und täglich besuchen ca. 2.500 große und kleine Gäste das Portal.

Das Kirchenschiff lädt dich ein, in die Stille einzutauchen und zur Ruhe kommen, eine Kerze anzuzünden oder auch an einem Gebet teilzunehmen. Du kannst Geschichten aus der Bibel hören oder lesen oder gar mit deinen eigenen Kunstwerken die Geschichten illustrieren. Auf der Empore hast du die Möglichkeit, Orgel zu spielen oder den anderen beim Musizieren und Singen zuzuhören. Im Kirchturm kannst du die verschiedenen Klänge und Harmonien der Glocken ausprobieren und auf dem Friedhof Blumen auf ein Grab legen und dort eine Kerze anzünden. Die Krypta eröffnet dir mit Spielen, Malaufgaben und Zusammensetzspielen die Welt der christlichen Symbole. Die Jukebox hält eine Sammlung von christlichen Liedern mit fetziger Begleitung für dich bereit und auf dem Videoscreen warten unter anderem Musikvideos und Marionettentheater auf dich.

In der Kinderkirche bewegst du dich mit deinem virtuellen Alias, dessen Aussehen du frei gestalten und ändern kannst. Mit den anderen Kindern verständigst du dich durch Smileys und mit vorgegebenen Sätzen, mit ein wenig Phantasie schaffst du es auch, mit anderen Verstecken, Fangen oder andere Spiele zu vereinbaren.

Auch die Kinderkirche folgt dem Kirchenjahr; die liturgischen Farben und die Anzahl der Kerzen auf dem Altar wechseln je nach der Zeit im Kirchenjahr und ob gerade ein besonderer Feiertag ist. Besonders beliebt war der virtuelle Adventskalender, hinter dessen Fenstern jeden Tag im Advent ein neues Spiel, eine neue Aufgabe oder ein Video zum Vorschein kam. Im Dezember 2009 wurde der Adventskalender mehr als 70.000 mal geöffnet.

Kommende Ostern wird in der Kinderkirche der erste Gottesdienst in Realzeit gefeiert und in Entwicklung befindet sich auch eine virtuelle Sonntagsschule.

In der Kinderkirche gibt es auch Seiten, die sich an Erwachsene richten, sie enthalten besonders Materialien für die christliche Erziehung im Kindergarten und für den Religionsunterricht in der Grundschule.

Die Kinderkirche findet man unter www.lastenkirkko.fi. Beim Eintritt wird man aufgefordert, sich zu registrieren und sein virtuelles Alias zu erstellen.

10
Sprache im Netz

10.1 Sprach Luther Denglisch?

Bewusst oder weil es einfacher geht, englische Begriffe sind üblich, wenn man übers Internet spricht. Wir *googlen*, wenn wir etwas im Internet suchen und Jugendliche *simsen* oder *facebooken* — natürlich könnten sie auch Textnachrichten übers Mobiltelefon versenden, aber wenn jemand etwas ins Gesichtsbuch schriebe, wäre es wirklich Nonsense - oder doch besser Unsinn?

Als ich zu einem Social Media Round Table einlud, monierte jemand die sich anbiedernde, auf Modern getrimmte Sprache — aber wozu hätte ich einladen sollen? Zu einem Runden Tisch zu Sozialen Medien? Das klingt wirklich altbacken. Mit welcher Sprache kommunizieren wir in der Kirche?

Die Anregung zu diesem Blogpost bzw. Onlinetagebuchartikel fand ich in einem von mir abonnierten Blog, das die Frage aufwarf: *Pro und Contra: Wie viel Denglisch verträgt unsere Church?*

Alex Schnapper gibt die Diskussionen zweier Tübinger Kirchengemeinderätinnen wieder und zieht für sich folgendes Fazit [68]:

„Unsere Kirche verträgt die Mischung beider Sprachen, eigentlich aller Sprachen, denn es sollte nicht um die Sprachunterschiede, sondern eigentlich um die Botschaft der Kirchen gehen, die Verkündigung und Botschaft Gottes. Und die Sprache des Christentums spricht mehrere Sprachen und solange die Botschaft beim Empfänger ankommt, ist es egal, ob ich bei einer Motette, einem Kantatengottesdienst oder einer Church Night war. Schließlich gibt es ja auch englischsprachige Angebote in der Kirche, z.B. die Church at Six oder den Carol Service."

Die Kirche ist immer mehrsprachig gewesen. Jesus sprach Aramäisch und las die Thora auf Hebräisch. Griechisch war die Umgangssprache des hellenistischen Judentums, selbstverständlich predigte Paulus auf Griechisch. Programmatisch folgt das Pfingstwunder auf Jesu Himmelfahrt in der Apostelgeschichte, trotz unterschiedlicher Herkunft und Herkunftssprachen verstanden sich die Menschen der Jerusalemer Urgemeinde.

Springen wir anderthalb Jahrtausende in der Kirchengeschichte: Martin Luther führte Deutsch als Liturgiesprache im Gottesdienst ein (katholischerseits geschah das erst vor rund einem halben Jahrhundert mit dem Vaticanum II) und übersetzte die Bibel ins Deutsche. Sein erklärtes Ziel dabei, „dem Volk aufs Maul zu schauen" war kein Selbstzweck, sondern diente dazu, die Verkündigung des Evangeliums möglichst verständlich zu machen.

Gerade wer Martin Luther der Sache nach treu bleiben will, darf nicht bei einem antiquierten Lutherdeutsch verharren (so schön es auch für Sprachliebhaber sein mag), sondern muss so sprechen, wie man ihn heute versteht.

Ob ich relaxe oder mich entspanne, ob ich chille oder mich ausruhe — es kommt darauf an, dass mich mein Gegenüber versteht. In der Jugendarbeit wird man daher andere Wörter wählen als in der Seniorenarbeit. Natürlich muss die Sprache authentisch sein (oder wahrhaftig sein — aber gegen Wörter griechischer Provenienz protestieren bildungsbürgerliche Sprachpuristen in der Regel nicht), gerade Jugendliche bemerken es, wenn man sich anbiedert.

Und peinlich sollte es nicht sein — denn das ist kommunikativ ein Schuss nach hinten. Der Brite sagt zum *Rucksack* „rucksack", der Amerikaner „backpack", nur ein Werbetexter versuchte, Rucksäcke als „body bags" in einer deutschen Kaufhauskette zu verkaufen, bemerkte aber nicht, dass Amerikaner damit *Leichensäcke* bezeichen. Relaxen ja, „body bags" nein danke.

Nur als Kuriosität am Rande: während wir hier die Einflüsse des modernen amerikanischen Englischs bekämpfen, rüsten amerikanische Christen zum Kampf für den Erhalt ihrer King-James-Bibelübersetzung, der einige sogar die göttliche Inspiration zusprechen. Vielleicht ließe sich ja ein anti-modernistisches transatlantisches Sprachbündnis schmieden für Luther-Deutsch und King-James-Englisch.

10.1 Sprach Luther Denglisch? 139

Was würde Luther zu solcher Deutsch-Englischer Allianz/alliance/Bündnis sagen, würde er — nur um das Französische auch einmal zu bemühen — eine solche denglische Entente gutheißen? Wohl kaum, Luther sprach neben Deutsch auch fließend Latein und manchmal mischte er diese beiden Sprachen auch. Luthers Deutsch war genial, er schaute dem Volk aufs Maul und prägte so die deutsche Sprache für Jahrhunderte, er war aber auch ein Meister des Code-Switching — aber zwischen Deutsch und Latein — Denglisch sprach er nicht.

Kommentare

Ehrlich gesagt drängt sich mir der Verdacht schon auf, dass Englisch Mode ist, aber keinen Nutzwert hat. Was ist es denn nun, *round table* oder *roundtable*? Schon die Schreibweise ist offensichtlich uneins. Fremdwörter sind nützlich, wo sie eine Bedeutung tragen, die im Deutschen (mit geläufigen Begriffen) nicht ausgedrückt werden kann. Ein *ticket point* statt Fahrkartenschalter aber ist affig. Schein statt sein, *paraître au lieu d'être*. Oh, das Französische bringt ja gar nichts Neues — also streichen wir es. (Hier in Frankreich sind zumindest in offiziellen Texten Fremdwörter verboten; in öffentlich verbreiteten Texten müssen sie in der Fußnote ins Französische übersetzt werden. Das ist zwar auch affig, aber zwingt zum Nachdenken, ob es wirklich ein Fremdwort sein muss.) Klar wirkt der „Runde Tisch" altbacken, der gehört ja auch in die späten Achtziger. Im Zuge des Niedergangs der DDR und der folgenden Wiedervereinigung gab es dauernd Runde Tische. Vorher nicht, nachher eigentlich auch nicht. Ganz klassisch-zeitlos heißt das Ding Diskussionsrunde. Vielleicht auch Podiumsdiskussion. Das ist vielleicht weniger Fremdwort als Round Table (oder Roundtable), aber zeitlos. Erstaunlicherweise hat sich ja auch die Lutherbibel, Revision 1984, wesentlich besser über die vergangenen knapp drei Jahrzehnte gerettet als die „Bibel in heutigem Deutsch".

* * *

Aber ist „Podiumsdiskussion" nicht auch ein Fremdwort, nur dass dieses aus den alten Sprachen kommt? Ob aus dem Altgriechischen, Lateinischen, Französischen oder auch Englischen — Fremdwörter bereichern unsere deutsche Sprache. Man muss sie nur richtig und auch bewusst nutzen. Und ob Übersetzungen aus dem Englischen wie „Runder Tisch" (ich hoffe, damit liege ich nicht falsch) wirklich besser sind, sei dahin gestellt.

* * *

Es hat immer sprachliche Einwanderer gegeben. Manche sind auch wieder ausgewandert, wer spricht heute noch von einem Bankkontor (von frz. comptoir, Theke) — obwohl das Wort eigentlich besser passt als Schalter? Viele Fremdwörter kennen wir schon gar nicht mehr als solche! Fremdworte sind sinnvoll, wo sie eine Bedeutung tragen, die anders nicht ausgedrückt wird. *Sozial* bedeutet ja im Deutschen auch etwas anderes als *gesellschaftlich*. Und sowohl Russen wie Amerikaner haben das Wort *kindergarten* adoptiert, weil sie für genau diese Art der Früherziehung keinen Begriff kannten. Manchmal gibt es auch Blüten wie Chanson und Lied, im populären Sprachgebrauch bedeuten sie in ihrer jeweiligen Sprache dasselbe, dienen aber in der Musikwissenschaft zur Bestimmung verschiedener Genres — und das gleichermaßen den Franzosen wie den Deutschen.

Aber Fremdworte um des Fremdworts willen sind lächerlich — sei es der *body bag* als Rucksack oder der *Service Point* als Auskunftsschalter. Und der Runde Tisch ist im deutschen Sprachgebrauch seit spätestens 1989/90 heimisch. Den braucht man nicht mehr fremdzuwörteln — denn das ist, wie gesagt, nur einer Mode nachgerannt und damit ziemlich lächerlich.

10.2 Lieber Twitter-Prägnanz als rückwärtsgewandte Ignoranz

Tablets, Twitter und WhatsApp sollten Kinder erst ab 14 Jahren benutzen, fordert Rechtschreibrat-Chef Hans Zehetmair [77], denn Twitter und SMS schaden der Sprache und gefährden das deutsche Sprachgut. Die Altersgrenze für die Nutzung dieser Medien stelle sicher, dass Jugendliche schon gefestigte Deutsch-Kenntnisse hätten und daher nicht dem Sprachverfall anheim fielen.

Man könnte diese Meldung unter *#AlleJahrewieder* verbuchen und vergessen, aber sie ist ob ihrer Ignoranz einfach ärgerlich und absurd.Wer auf das Gezwitscher und Gesimse eindrischt, bekämpft am besten das Englische gleich mit. Auch die Anglizismen sind Hans Zehetmair ein Dorn im Auge:

> „Es hat nichts mit einem höheren Bildungsgrad zu tun, wenn man Wörter auf Englisch sagt, die man ebenso auch auf Deutsch formulieren könnte."

Schon lange bin ich über vierzehn, darf daher davon ausgehen, dass mein Deutsch gefestigt ist. Daher verwirrt es mich, wenn der Chef des Rechtschreibrates fordert, anstatt englische Wörter zu sagen, diese auf Deutsch nun zu „formulieren". Auch wenn es weder Getwittere noch Gezwitscher ist, soviel Platz muss sein, dass man Sätze formuliert und dafür dann mehrere Wörter benutzt. Ergo: auch wer mehr als 140 Zeichen benutzt, kann sprachlich daneben greifen.

Die Sprachpuristen ziehen gerne gegen das Englische zu Felde, befleißigen sich aber um so mehr des Lateinischen und Griechischen. Ein Fremdwort wird nicht dadurch geadelt, dass es aus einer Alten Sprache stammt. Klingt es besser, „Wörter zu formulieren" als diese vulgär nur zu „benutzen"? Nota bene: Wer gegen das Denglisch ist, sollte auch altphilologische Sprachpantschereien wie „Televison" ablehnen, die Latein und Griechisch vermischen.

Technologische Entwicklungen schlagen sich auch im Sprachgebrauch nieder. Mit Beginn des Eisenbahnzeitalters sprach man von Billets und Perrons, heute von der Fahrkarte (oder doch dem Ticket?) und dem Bahnsteig (und nicht der „platform" oder gar Amerikanisch vom „track"). Andererseits ist der Flugsteig für die meisten zum Gate geworden ist. So what?

Statt den Niedergang der deutschen Sprache durch SMS und Twitter zu beklagen, könnte man sich auch ihrer produktiven Kraft freuen, dass sie

10.2 Lieber Twitter-Prägnanz als rückwärtsgewandte Ignoranz 141

Wörter wie „simsen" hervorbringen kann und sich so neue technischen Möglichkeiten nun auch auf Deutsch ausdrücken lassen. Wann kommt das Wort „adden" in den Duden und wann schreibt man es mit Umlaut? Freunde zu adden bedeutet etwas anderes, als diese nur hinzuzufügen. Bei vielen französischen Wörtern hat es sehr lange gedauert. Für die meisten ist eine Base immer noch eine Cousine und keine Kusine. Und? Warum nur den Niedergang der deutschen Sprache auf Anglizismen und moderne Technologien beziehen?

Twitter-Posts (also: Twitter-Nachrichten) sind auf 140 Zeichen beschränkt, Untersuchungen haben herausgefunden, dass Facebook-Posts am wirkungsvollsten sind, wenn ihre Zeichenlänge zwischen 140 und 280 Zeichen liegt. Wer gut für Twitter oder Facebook texten will, muss komplexe Sachverhalte reduzieren können, also sie oder er muss prägnant formulieren statt zu schwafeln. Man muss die Dinge auf den Punkt bringen — dies kann durchaus eine Kunst sein.

Man kann gut oder schlecht schreiben, sei es auf Twitter, auf Facebook, im Blog, in der Print-Zeitung oder auch in einem Buch, Generalverurteilungen helfen niemandem.

„Gott ist mein Navi."

So fasste jemand auf einer Twitterbibelarbeit zusammen, was Gott für ihn bedeute. Luther hat den ersten Vers des 23. Psalmes übersetzt mit „Der Herr ist mein Hirte". Beides drückt treffen aus, wer Gott ist.

Wir sollten die Lebendigkeit der Sprache bewahren und fördern, statt antiquierte Sprache zu verklären und den Sprachgebrauch zu reglementieren.

Teil IV

Informationstechnologie und Datenschutz

11
Informationstechnologie in der Kirche

11.1 Software-Theologie: Wie wähle ich ein Redaktionssystem aus?

Die Confessio Augustana gibt Freiheiten, wie sich Kirche im Web am besten organisiert. Menschliche „Vernunft und Zweckmäßigkeit" sind dabei entscheidend, so die Studie *Kirche und Vernetzte Gesellschaft* aus der bayerischen Landeskirche [72, S. 63]. Die Barmer Theologische Erklärung betont, dass die Ordnung der Kirche auch ihrer Botschaft entsprechen müsse. Wie stellt sich Kirche im Netz dar und welche Infrastruktur ist angemessen? Gibt es einen theologischen Rahmen, der auch bei einer praktischen Frage wie bei der Auswahl eines Online-Redaktionssystems eine Referenz bieten kann?

Verstehen wir das Evangelium als *Open Content* — also ein Inhalt, der zur Verbreitung freigegeben ist — gibt es eine gewisse Nähe zu Open-Source-Software, daraus lässt sich aber meines Ermessens keine eindeutige Präferenz begründen. Ob kommerzielle Software oder Open-Source-Software, beide müssen sich an ihren Leistungen messen lassen. In Analogie zur Aussage von Gerhard Schröder, dass es keine linke, sondern nur gute oder schlechte Wirtschaftspolitik gebe, könnte man auch sagen, es gibt keine kirchliche Software, sondern nur gute oder schlechte Software. Was gute Software ist, dafür gibt es in der Informatik einschlägige Kriterien.

Ein wichtiges Kriterium ist, die Software muss ihren Zweck erfüllen. Mir stellt sich sich die Frage, wissen wir, was wir an Software für die Kirche wollen und brauchen? Wie interaktiv sollen unsere Websites sein? Kann ich mir eventuell aus Mash-ups sogar ganze Websites bauen? Sollen unsere Videos auf YouTube stehen, oder besser doch nur auf unseren eigenen Seiten? Oder fahren wir eine Doppelstrategie: sowohl YouTube als auch eigene Systeme. Dies sind technische Fragen, aber auch theologische Fragen, wie ich das Verhältnis von Kirche und Welt definiere. Der amerikanische Theologe Richard Niebuhr liefert dazu in seinem Buch *Christ and Culture* wichtige Ansatzpunkte, die sich auch auf die IT übertragen lassen [61].

Ist Kirche ein Netzwerk, dann kann ich dezentral planen und Angebote vernetzen und auf eine heterogene Infrastruktur setzen. Oder ist Kirche ein Organismus, der verschiedene Glieder hat, dann habe ich besser eine einheitliche Infrastruktur mit verschiedenen Ausprägungen. Die Webstrategie und die benötigte Softwarearchitektur für eine bischöflich verfasste und für eine kongregationalistisch verfasste Kirche werden sich unterscheiden, wenn die Organisation der Kirche sich auch im Web niederschlagen soll.

In der rheinischen Kirche evaluieren wir unser Content Management System (CMS). Wenn wir keinen Sonderweg gehen wollen, stehen sich drei Systeme in der kirchlichen Landschaft gegenüber: Open Text, Typo3 oder Drupal.

Für mich ist dies aber nicht nur eine technische Frage, sondern auch geht auch um Ekklesiologie: Welche Infrastruktur und welches CMS passt zur Struktur und Verfasstheit unserer Kirche? Ich bin gespannt, welche Antworten wir finden.

Kommentare

Uli Berens begründet hier eine eindeutige Präferenz für freie Software: kirche20.at/blog/gilt-der-moralische-imperativ-von-fairem-kaffee-auch-bei-der-software-berlinux-der-kirche — mir erscheint das schon sehr schlüssig, ethische Kriterien als besonders relevant zu denken. Sonst fällt mir, zu später Stunde, noch RSS ein. Das ist doch die Technologie, um die Verbundenheit untereinander zu organisieren, das halte ich für spannend, das mitzudenken, wenn es um Ekklesiologie und Software geht. Aber genau muss ich da noch mal drüber schlafen, die Überlegungen finde ich jedenfalls sehr anregend.

* * *

Hach, das ist natürlich ein interessantes Thema. :-) Spannender Gedanke für mich als Katholik, dass sich das CMS einer synodal verfassten von einer pyramidal verfassten Kirche wie der katholischen eigentlich unterscheiden könnte. In meinem Bistum wird ezPublish für den Webauftritt verwendet, freie Software zum Glück. Aber es gibt eine Angst vor Interaktion, selbst kritische Facebook-Kommentare verschwinden sofort, vorsichtshalber ist darum eine Kommentarfunktion auf der Webseite erst gar nicht vorgesehen.

Ich sehe das Problem, dass über Webtechniken in der Regel Leute entscheiden, die keine Ahnung haben, ja oft regelrecht netzskeptisch, wenn nicht sogar netzfremd sind. Für diese Leute ist das Netz Feindland, in dem vermutete Gefahren lauern. Dieses Fremde muss ich mir also vom Leib halten. Logisch, dass da keine Begegnung möglich werden kann.

Solange Angst der Ratgeber ist, ist aber die zugrunde liegende Ekklesiologie nicht im Spiel, ja wird das Web nicht einmal als Ort theologischer Reflexion wahrgenommen.

Für Jesus war Kommunikation auf Augenhöhe Ausdruck der Menschenfreundlichkeit Gottes, bzw. ist Jesus selbst die menschgewordene Augenhöhe Gottes mit uns.

Das Web ist ebenfalls Kommunikation auf Augenhöhe, bietet also beste Kompatibilität mit dem Christlichen. Diesen Gedanken in unseren Kirchen durchzubuchstabieren und bekannt zu machen, ist die halbe Miete. Wenn die Kirchen diesem Ansatz nachgehen, wird dies die zugrunde liegende Ekklesiologie mitformen.

11.1 Software-Theologie: Wie wähle ich ein Redaktionssystem aus?

* * *

Habe kirche20.at/blog/gilt-der-moralische-imperativ-von-fairem-kaffee-auch-bei-der-software-ber-linux-der-kirche gerne gelesen, persönlich nutze ich auch Linux, daheim haben wir für die Familie ein Ubuntu-Netzwerk. Allerdings sehe ich theologisch keine so eindeutige Präferenz für Open Source, in der biblischen Tradition gibt es auch die Ansicht, dass jede Arbeit ihren gerechten Lohn wert ist, d.h. Software darf auch Linzenzgebühren kosten. Was auf keinen Fall geht: Raubkopieren in der Kirche.

* * *

Gerade weil das Web Kommunikation auf Augenhöhe ermöglicht, würde ich eigentlich eine andere Gruppe von Fragen voranstellen: Was suchen „meine" Nutzer im Netz? Was kann ich Ihnen Gutes tun? Was für Websites (oder allgemeiner: „Online-Produkte") wollen bzw. brauchen die Nutzer? Anschließend ist man zwar noch meilenweit von einem technischen Feinkonzept entfernt, aber es lassen sich aus den Antworten der Nutzer erste technische Anforderungen formulieren. Vielleicht muss deshalb ein CMS vorrangig Nutzerwünsche erfüllen und erst in zweiter Linie die Anforderungen der einsetzenden Einrichtung oder Institution.

* * *

Du hast Recht, es gibt keine eindeutige Präferenz für freie Software. Der Aspekt mit dem gerechten Lohn und den Lizenzgebühren lässt schon sehr Widerspruch zu. Unsortiert einige Gedanken dazu:

- Programmierung zunehmend in Billiglohnländern mit aller entsprechenden Problematik (hier eben oft: kein gerechter Lohn)
- Rechtsbrüche durch Absprachen oder Kartellbildung
- Durchsetzen von Marktmacht mit rechtwidrigen Mitteln
- Ausspionieren von Nutzerverhalten

- „Verdongelung" der Software, Nutzungseinschränkungen, Verbot von Anpassungen usw.
- Rigoroser Patentgebrauch — selbst auf „Selbstverständlichkeiten"
- Koppelung von Innovation an den Nutzergeldbeutel (was tun arme Länder, arme Nutzer? Sind die dann von den neuesten Features ausgesperrt und abgehängt?)

Die Liste ließe sich beliebig erweitern. Klar auch, dass nicht *jeder* Hersteller davon betroffen ist. Aber wenn ich die ideellen Grundsätze betrachte, die hinter beiden Modellen stehen, ist für mich als Christ ganz klar, welche Art von Software ich präferiere.

Aber das ist — wie so vieles — eine Entscheidung, die ich persönlich treffen muss.

Mir müssen die Vorteile einleuchten und auch „etwas" wert sein, z.B. Umlernen und auf evtl. lang Gewohntes verzichten - dafür etwas Neues gewinnen, z.B. Herstellerunabhängigkeit oder die Freiheit, ein CMS selbst zu erweitern oder an meine Bedürfnisse anzupassen.

Gute Arbeit für gutes Geld? Ja, ich bin bereit für guten Support zu zahlen! Aber nicht dafür, dass jemand ein Patent auf Dinge wie den „Schließen"-Knopf an meinem Desktop-Fenster besitzt und meint, mir dafür Geld aus der Tasche ziehen zu müssen.

* * *

Dann gibt es doch nur ein CMS was man auswählen kann und zwar TYPO3, dies ist von Kasper auch mit dem Hintergrund des Glaubens unter der GPL veröffentlicht worden. Dies stellt er beispielsweise auch in einem Interview auf Bibel TV dar.

Aus technischer Sicht würde ich hier allerdings eine Nutzwertanalyse bevorzugen und die genannten Systeme gegenüberstellen. Hierbei sollten die verschiedenen Themen wie bspw. Schulungsaufwand, Support, Betriebskosten uvm. (je nach Anforderung) betrachtet werden.

11.2 Firewall und Kirchenmauer: Welche IT-Philosophie braucht unsere Kirche?

Martin Luther bringt es auf den Punkt: „Pecca fortiter", „sündige wacker", sagt der Reformator. Je größer die Sünde, desto größer die Gnade. Natürlich ist das überspitzt und überzogen, aber ein wichtiger Punkt steht dahinter: Ich weiß, dass ich Sünder bin und aus der Gnade leben muss, ich weiß um meine Fehler und Unzulänglichkeiten. In diesem Wissen bin ich befreit zu handeln. Nicht ein fehlerfreies Leben ist mein Auftrag, sondern ich kann die Chancen in meinem Leben nutzen. Mut zum Handeln bestimmt mein Leben, ich lasse mich nicht durch eine Fehlervermeidungsstrategie dominieren. Sollte ich Fehler machen, so darf ich auf Gottes Gnade vertrauen.

Lässt sich Luthers Maxime auf eine IT-Strategie übertragen? Vorweg: Es gibt gesetzliche Vorschriften, die man auf jeden Fall einhalten muss. Gerade mit Datenschutz ist nicht zu spaßen, es gibt eindeutige rechtliche Vorgaben, die nicht zur Disposition stehen.

Aber nicht alles ist schwarz oder weiß, es gibt Grauzonen, Ermessensspielräume, die in die eine oder die andere Richtung genutzt werden können. Sehe ich in solchen Grauzonen primär die Risiken oder zuerst die Chancen? Welche Philosophie steht hinter meiner IT-Strategie: Abschalten, was nicht explizit erlaubt ist? Oder zunächst freischalten und erlauben, und nur dann abschalten, wenn das Sicherheitsrisiko erwiesen ist bzw. dieses unverhältnismäßig hoch ist. Oder schotten wir uns ab? Werden — bildlich gesprochen — die Firewalls unsere neuen Kirchenmauern, hinter denen unsere sicheren Datennetze sind. Oder nutzen wir neue Technologien zunächst unvoreingenommen, prüfen sie und behalten das Gute?

Sicherheit kann sehr schnell zu einem Argument werden, dass jegliche inhaltliche Auseinandersetzung verhindert. Es gibt aber keine sichere Software. Höchstens Software, die bestimmten Sicherheitsstandards genügt. Doch selbst die können sich ändern. Was heute als sicher gilt, kann morgen schon ein Risiko darstellen. Sicherheit ist schon deshalb kein absoluter Begriff, sondern muss jeweils im Kontext definiert werden. Eine Sicherheitsstrategie für personenbezogene Daten im Meldewesen muss anders sein, als die für zur Veröffentlichung bestimmter Daten im Web Content Management System.

Gerade als Kirche dürfen wir Sicherheit nicht absolut setzen. Benutzerfreundlichkeit bzw. Usabilty für Software in einer Zielbestimmung stünde uns als Kirche auch gut an. Dies würde auch deutlich machen, dass es auch immer Abwägungsentscheidungen zwischen verschiedenen Zielen sind. Der Mensch ist auch immer ein „Faktor". Was nützt das sicherste und längste Passwort, wenn es mit Post-it-Notizzetteln am Monitor klebt. Sicherheit so absolut gesetzt, erreicht dann das Gegenteil. Schlechte Usability führt zu fehlender Akzeptanz und zu einer Verweigerungshaltung und zur Umgehung. Im schlimmsten Fall werden dann Daten per Mail aufs eigene private Emailkonto geschickt und man arbeitet am privaten Laptop über einen offenen WLAN-Hotspot, weil der Remote-Zugang zum geschützten Netz zu kompliziert ist. Hier sollten wir ein realistisches Menschenbild haben — gerade um der Sicherheit willen.

Weil bei Kirche sich viele Menschen ehrenamtlich engagieren, muss die IT-Struktur auch für sie die Arbeit erleichtern und fördern. Ehrenamtliche haben ein anderes Zeitbudget und bringen andere Voraussetzungen mit. Jeder hat sich an bestimmte Programme oder Betriebssysteme gewöhnt. Auch wenn die kirchliche Verwaltung häufig eine einheitliche Infrastruktur hat, gilt dies für Ehrenamtliche eben nicht, der eine hat einen alten Windows-Rechner, die andere einen Mac und ein iPad und ein dritter schwört auf Linux. Wer schon seine private Computerausstattung einsetzt, muss darauf vertrauen können, diese nutzen zu können.

Dies stellt eine große Herausforderung an die IT. Ist Vereinheitlichung wirklich die richtige Strategie für alle Bereiche oder müssen wir vielmehr auf offene Standards setzen, die die Informationsverarbeitung regeln. Vernetzte dezentrale Systeme, die über definierte Standards kommunizieren, können eine Alternative sein zu einer zentralen Lösung. Hier geht es auch um Machtfragen und Personalressourcen. Es ist zu prüfen, was am zweckdienlichsten ist. Ich wiederhole mich: was fürs Web Content Management richtig ist, kann fürs Meldewesen falsch sein und umgekehrt.

Man kann so leicht von der Menschenfreundlichkeit Gottes reden, davon dass sich Gott ganz dem Menschen zuwendet. Auch wenn Karl Barth sich vehement gegen eine *analogia entis* ausgesprochen hat, würde ich es trotzdem für richtig halten, die Menschenfreundlichkeit Gottes zu übertragen. Auch bei der Software und Hardware-Auswahl dürfen wir den Menschen in den Mittelpunkt stellen. Die IT-Struktur muss daher benutzerfreundlich sein.

11.3 Und raus bist du doch nicht — dank Friendica

Knapp 3,7 Millionen Jugendliche zwischen 13 und 17 Jahren sind nach neuesten Zahlen Facebooknutzer in Deutschland [10]. Das sind viele, aber doch nicht alle. Wer Facebook nicht nutzt, wird schnell zum Außenseiter in seiner Gruppe. Dies gilt in der Schule, aber natürlich auch für die Konfirmandenarbeit. Andererseits: wer schnell Konfirmandinnen und Konfirmanden erreichen muss, kommt an Facebook nicht herum. Über Facebook erreicht der Pfarrer oder die Pfarrerin schnell die meisten Mitglieder der Konfigruppe — aber eben nicht alle. Wer über Facebook mit einer Gruppe kommuniziert, in der nicht alle Mitglieder bei Facebook sind, schließt die Minderheit aus, die aus welchen Gründen auch immer nicht bei dem weltweit größten sozialen Netzwerk angemeldet ist.

Druck entsteht, sich auch bei Facebook anzumelden, Gruppenzwang ist der beste Facebook-Promoter. Ein Pfarrer oder Pfarrerin sollte dabei nicht mitmachen. Aber auf Facebook-Kommunikation gänzlich verzichten, nur weil nicht alle dabei sind?

Hier scheint sich eine Lösung anzubieten: Friendica (früher auch als „Friendika" geschrieben) ist eine freie Open Source-Software für ein verteiltes soziales Netzwerk. Wirkungsvolle Datenschutzeinstellungen und eine leichte Installation auf eigenen Servern sind den Programmieren von Friendica wichtig. D.h. es gibt nicht einen weltweiten *Friendica*-Server, der irgendwo die Daten aller Benutzer verwaltet, sondern es gibt ein Netzwerk von Servern. Wem es wichtig ist, vollständige Kontrolle über seine Daten zu haben, betreibt seinen eigenen *Friendica*-Server. Jeder auf diesem Server angelegter Nutzer kann bestimmen, welche Daten er im *Friendica*-Netzwerk austauschen will. Im Zweifelsfalle unterbindet man den Austausch mit anderen Servern im Netzwerk und hält die Daten nur auf dem selbstbetriebenen Server vor.

Installation und Betrieb sollen einfach sein, Verschlüsselung ist möglich. So dürften auch Bestimmungen des kirchlichen Datenschutzrechtes eingehalten werden, die verlangen, dass personenbezogene Daten nicht ungeschützt auf fremden, insbesondere ausländischen, Servern vorgehalten werden dürfen.

Jugendliche, die nicht bei Facebook sind, erhalten ein *Friendica*-Konto auf einem kirchlichen Server bei der Anmeldung zum Kirchlichen Unterricht. Wer sich für Facebook entschieden hat, kann da bleiben. Die Pfarrerin oder der Pfarrer hat ein eigenes Konto bei Friendica und sie legen bei Friendica

11.3 Und raus bist du doch nicht — dank Friendica

eine Gruppe für die Konfirmandinnen und Konfirmanden an. Diese besteht aus den *Friendica*-Mitgliedern und den Facebook-Mitgliedern unter den Jugendlichen.

Die Kosten für einen eigenen *Friendica*-Server liegen im einstelligen Euro-Bereich pro Monat. Das Magazin *t3n* zählt Friendica zu möglichen Facebook-Alternativen [40]. Gerade das Beispiel von *Diaspora* zeigt allerdings, wie schwer die Etablierung von Facebook-Konkurenten ist und wie vorsichtig man mit solchen Prognosen umgehen muss. Auch wenn Friendica sich nicht als Alternative zu Facebook etablieren sollte, eine Ergänzung zu Facebook ist Friendica schon.

Denkbar wäre, dass im Kirchenkreis oder bei der Landeskirche ein *Friendica*-Server betrieben wird, auf den Gemeinden zurückgreifen können. Oder Interessierte gründen einen kirchlichen Betreiberverein.

So müsste niemand draußen bleiben, der kein Facebook hat.

Wer hat Interesse an einem Modellversuch, *Friendica* im Konfirmandenunterricht zu nutzen?

Kommentare

Kann Facebook überhaupt als „geschützter Raum" angesehen werden? Wem gehören die Daten? Wem „gehören" die Inhalte, die ich erstelle?

Laut AGB gehören sie Facebook, zumindest behandeln die die Daten so.

Gerade wenn es das Ziel der Facebook-Nutzung für den KU ist, bestimmte Themen, die für ein Face-to-Face-Gespräch zu nah sind, online anzusprechen, muss ein entsprechend geschützter Raum vorhanden sein. Dies ist bei den Standard-Einstellungen in Facebook m.E. so nicht gegeben. Wie kann ich das dauerhaft als Unterrichtender sicherstellen?

Ein geschützter Raum ist bei Facebook niemals gegeben, egal wie man die Einstellungen setzt.

Meiner Meinung nach ist es ein Skandal, wenn kirchliche Stellen Jugendliche verleiten, auf Facebook, einer privatwirtschaftlichen Datenkrake, noch mehr von ihrer Seele preiszugeben, als sie es ohnehin tun. Die Kirche kann sicher Facebook benutzen, um Menschen einzuladen. Aber die „Party" muss woanders stattfinden, in einem wirklich geschützten Raum. Bei Facebook gibt es den nicht. Dafür gibt es z.B. *Friendica*. Der Konfi-Unterricht wäre eine gute Gelegenheit, Jugendliche an dezentralisierte Netzwerke heranzuführen. Die Landeskirchen haben das Geld und das Knowhow, um für ihre Konfis einen geschützten virtuellen Kommunikationsraum einzurichten. Ich würde von den Kirchen erwarten, hier ein Zeichen zu setzen.

11.4 Seelsorge in Facebook — eine Problemanzeige

Diese Diskussion zu Seelsorge in Facebook ergab sich am Rande der Sitzung Web 2.0 vorgestern in Stuttgart, zu der ich als Gast freundlicherweise eingeladen war. Ich bin durch die Position von Tobias Schneider ins Nachdenken gekommen, ich danke ihm, dass er seine Argument aufgeschrieben hat. Ich halte diese Diskussion für wichtig, auch wenn — oder gerade weil — ich anderer Meinung bin. Zunächst aber die Position von Tobias SCHNEIDER [70], die er unter der Überschrift „Seelsorge in Facebook — eine Problemanzeige" in seinem Blog veröffentlicht hat:

„Nachdem ich schon lange keine wirklich inhaltlichen Beiträge mehr gebracht habe, hier ein paar Gedanken zu einem sehr schwierigen Thema: Seelsorge in Facebook. Angeregt dazu wurde ich vom Betreiber von theonet.de [=das bin ich, eigene Anm.], der hierzu (zumindest bisher) eine andere Position hat als ich. Dieser Text versteht sich als Diskussionsgrundlage und beinhaltet meine persönliche Sichtweise als Pfarrer und Social-Media-Nutzer.

Eine der Grundvoraussetzungen von Seelsorge ist der Schutzraum, in dem eine Gespräch stattfindet. Dieser Schutzraum kann sehr unterschiedlich sein, zwischen einer Verabredung im Amtszimmer des Pfarrers bis hin zu dem spontanen Gespräch am Gartenzaun. Wichtig ist, dass das Setting der Seelsorge ein vertrauensvolles Gespräch ermöglicht. Als beruflicher Seelsorger habe ich als Pfarrer eine besondere Verantwortung dafür, für solch ein Setting zu sorgen. Nicht zuletzt wegen des Seelsorgegeheimnisses, das streng gewahrt werden muss.

Und hier beginnen schon die Probleme. Kann denn Facebook überhaupt solch ein geschützter Raum sein? Ist das Seelsorgegeheimnis in Facebook überhaupt realistisch schützbar?

Ich würde spontan sagen: Nein.

Denn es ist eine Tatsache, dass sämtliche Daten, die eine Person in Facebook irgendwie ‚veröffentlicht', gespeichert werden. Dazu gehören auch z.B. Chatprotokolle. Über die Verwendung dieser Daten weiß alleine Facebook Bescheid, so dass es durchaus möglich ist, dass Chatprotokolle aus ‚Seelsorgegesprächen' ausgewertet und weiterverwendet werden. Ein geschützter Raum kann das kaum sein. Ich müsste demnach eine Seelsorgeanfrage in Facebook ablehnen oder auf andere Kontaktmöglichkeiten verweisen.

11.4 Seelsorge in Facebook — eine Problemanzeige

Denn schließlich könnte das Gespräch von Dritten mitverfolgt oder spter gelesen werden.

Auf der anderen Seite gibt es gegen dieses Argument natürlich wiederum Einwände. Zum einen die pragmatische Sichtweise: Die Datenmenge an Nachrichten und Chatprotokollen bei Facebook ist so immens, dass es kaum vorstellbar ist, dass da ‚jemand' tatsächlich gezielt nach Daten sucht bzw. es überhaupt jemanden interessiert, ob Frau Müller mit dem Herrn Maier ein seelsorgerliches Chatgespräch geführt hat. Hinzu kommt die Relativierung, dass ich letztlich nie als Pfarrer mit absoluter Sicherheit einen geschützten Raum anbieten kann. Ein Telefonat kann theoretisch abgehört werden, ebenso wie ein Gespräch, egal wo man es führt. Die Verantwortung des Seelsorger für ein geschütztes Setting hat Grenzen, sonst könnte keiner vernünftig Seelsorge betreiben.

Nun macht es aber schon einen Unterschied, ob auf der Straße ein Passant Gesprächsfetzen mitbekommt, oder ob ich in Facebook einen Chat führe. Denn das Protokoll des Chats wird gespeichert, theoretisch bis in alle Ewigkeit. Und so kann nicht nur Facebook selbst, sondern auch ich oder die beseelsorgte Person oder jeder andere, der auf meinen oder den betreffenden Account Zugriff hat, dieses Gespräch 1:1 rekonstruieren. Deshalb ist es auch für den Seelsorger viel schwieriger, das Seelsorgegeheimnis letztlich in der Form zu bewahren, wie es bei einem Vier-Augen-Gespräch möglich wäre.

Aus diesen Überlegungen folgt zwingend, dass Seelsorge aus Sicht eines ‚professionellen' Seelsorgers in Facebook nicht möglich bzw. zu unsicher ist.

Ich mache es aber trotzdem, aus gutem Grund. Und das hat etwas mit der anderen Seite zu tun, nämlich der Person, die Seelsorge wünscht. Denn diese Person wählt ja das Setting im Normalfall gezielt aus. Ob das nun ein Gespräch im Bus ist, oder am Gartenzaun, nach der Kirche im Beisein der Familie oder der Besuch im Pfarramt — im Normalfall entscheidet nicht der Seelsorger, in welchem Setting das Gespräch stattfindet (außer vielleicht bei Kranken- bzw. Altenbesuchen). Und so ist auch das Setting ‚Facebook-Chat' kein willkürliches.

Verschärft wird dies noch durch die Tatsache, dass gerade z.B. Jugendliche gezielt digitale Kontaktmöglichkeiten nutzen. Sie wählen absichtlich diesen Weg, weil sie sich dadurch sicherer fühlen und einem Erwachsenen eher öffnen können, als in einem direkten Gespräch. Und meines Erachtens wiegt dieser Aspekt mehr als die Gefahr, dass das Gespräch gespeichert und nachgelesen werden kann.

Aber wenn nun den Gesprächspartnern die Gefahren gar nicht bewusst sind. Müsste man dann nicht dennoch auf eine Seelsorgegespräch via Facebook-Chat verzichten? Zum Wohle des anderen? Ich sehe das nicht so. Natürlich sollte ich gerade im Umgang mit Jugendlichen darauf aufmerksam machen, dass Facebook nicht so sicher ist, wie sich mancher darin fühlt. Dennoch ist dieser Weg der Kontaktaufnahme ein ganz ‚normaler' Vorgang und für viele möglicherweise sogar der einzige, bei dem sie überhaupt mit einem Seelsorger in Kontakt treten können oder wollen.

Aus all diesen Überlegungen habe ich für mich ein (vorläufiges) Fazit gezogen: Der Schutz des Seelsorgebedürftigen durch das Seelsorgegeheimnis ist eine große Verantwortung, die ich als Pfarrer trage. Dies beinhaltet auch, dass ich mich um einen geschütztes Setting bemühe, in dem ein Gespräch stattfinden kann. Dennoch muss ich auch auf der anderen Seite den Wunsch der Personen respektieren, die zu mir kommen. Die Ablehnung eines Gespräches, nur weil ich selbst das grundlegende Setting nicht als ‚geschützten Raum' empfinde, ist für mich nicht angemessen. Es hat meist einen guten Grund, dass eine Person mich in Facebook anspricht und nicht auf der Straße oder per Telefon. Dennoch gehört zu meiner Verantwortung, dass ich auch andere (für mich evtl. ‚bessere') Settings anbiete und z.B. ein persönliches Gespräch vorschlage. Der Wunsch der Person, die mit mir Kontakt aufnimmt, wiegt allerdings schwerer als mein eigenes Bedürfnis. Daher werde ich im Zweifelsfall auch schwerwiegende seelsorgerliche Themen in Facebook besprechen, wenn dies so gewünscht wird.

Für Seelsorge in Facebook gebe ich mir daher selbst folgende Regeln:

- <u>*Sei zugewandt:*</u> *Auch in Facebook hat die Hilfe suchende Person die ungeteilte Aufmerksamkeit verdient, so schwer dies auch im Einzelfall sein kann. Wenn ein Chat in seelsorgerliche Themen rutscht, gelten verschärfte Regeln bezüglich Reaktion oder auch Gesprächsende.*

11.4 Seelsorge in Facebook — eine Problemanzeige

- *Sei dir der Datenproblematik immer bewusst: Auch die Aussagen des Seelsorgers werden gespeichert und können später unter Umständen nachvollzogen werden.*

- *Biete Alternativen: Ein Facebook-Chat kann der Einstieg in ein weiterführendes Gespräch mit anderem Setting sein. Allerdings sollte es nicht so wirken, als ob der Seelsorger von vorne herein ein Gespräch auf diesem Weg ablehnt.*

- *Das Seelsorgegeheimnis gilt auch in Facebook: Dies beinhaltet den direkten Umgang mit den Informationen, die man bekommt, aber auch indirekt Sicherheitsaspekte von Facebook selbst. Ein Account, mit dem Seelsorge betrieben wird, erfordert das höchstmögliche Sicherheitsmaß (automatisches Ausloggen, SSL-Verbindungen etc.). Allerdings hat die Verantwortung auch Grenzen, wie oben bereits erwähnt."*

Respekt, wie Tobias seine Argumente darlegt und wie er auf Facebook Seelsorge übt. Trotzdem bleibe ich dabei, dass Seelsorge auf Facebook nicht geht. Genauer müsste man sagen, dass man auf Facebook keine Seelsorge ausüben sollte, denn dass Seelsorge geht, hat Tobias gezeigt.

Warum man auf Facebook nicht seelsorglich tätig sein sollte? Weil es gegen kirchliches Datenschutzrecht verstößt. Die Inhalte eines seelsorglichen Chats sind personenbezogene Daten, die nicht auf einem ausländichen Server außerhalb jeglicher Kontrolle gespeichert werden dürfen — hier ist das kirchliche Datenschutzrecht einzuhalten. Das EKD-Seelsorgegeheimnisgesetz (SeelGG) [3] ist mehr als eindeutig:

„§11 Seelsorge mit technischen Kommunikationsmitteln

Soweit Seelsorge mit technischen Kommunikationsmitteln ausgeübt wird, haben die jeweilige kirchliche Dienststelle oder Einrichtung und die in der Seelsorge tätige Person dafür Sorge zu tragen, dass die Vertraulichkeit in höchstmöglichem Maß gewahrt bleibt."

Gerade weil wir auch gegenüber dem Staat auf die Unverbrüchlichkeit des Seelsorge- und Beichtgeheimnisses wert legen, müssen wir es selber achten. Es geht nicht nur um den einen seelsorglichen Kontakt, sondern darum, Seelsorge als ein Angebot für alle Menschen aufrecht zu erhalten bzw. zu stärken.

Ich weiß darum, dass es Situationen geben mag, indem man bewusst um eines höheren Rechtes willen ein bestimmtes Gesetz übertreten kann und muss. Dies kann und darf aber nicht die Regel sein, sondern geschieht in Ausnahmen in der eigenen Verantwortung. Daher muss für mich der Grundsatz gelten: Keine Seelsorge auf Facebook.

Gerade aufgrund der binnenkirchlichen Kritik an Facebook erscheint es mir als sinnvoll, hier keinen Nebenkriegsschauplatz zu eröffnen. Sonst gefährden wir auch andere Facebook-Projekte der Verkündigung. Ich gebe zu, dies ist ein politisches Argument, aber man sollte es nicht unterschätzen.

Ich gebe zu, auch im *real life* gibt es Situationen, in denen ein Seelsorgegespräch nicht in einem geschützten Setting stattfindet. Bei einer Begegnung in Bus oder Bahn habe ich nur diesen Raum vorgegeben. Lasse ich mich nicht auf ein seelsorgliches Gespräch ein, bei dem auch Mitfahrende zuhören können, kommt es wahrscheinlich zu keinem Gespräch in einer sichereren Umgebung. Was passiert, wenn ich das Gespräch nicht verlagern kann? Darauf weiß ich auch keine allgemeingültige Antwort, sondern ich muss im Einzelfall entscheiden, on- oder offline.

Ich weiß aus Skandinavien, dass es im Facebook-Auftritt der Kirche eine Chat-App gibt. Diese läuft auf einem eigenen Server der Kirche, Gespräche werden nicht protokolliert. Seelsorge ist hier unter Wahrung des Seelsorgegeheimnisses möglich.

Statt die einzelne Pfarrerin oder den einzelnen Pfarrer in ein Dilemma zu stürzen, wie sie oder er mit Seelsorgeanfragen auf Facebook umgeht, wäre es eigentlich an der Zeit, alle seelsorglich Tätigen eine datenschutzkonforme Seelsorgechat-App anzubieten.

Bis es eine solche App gibt, rate ich aber von Seelsorge auf Facebook ab — anders als Tobias Schneider.

Kommentare

Kann man denn diese skandinavische App nicht importieren und auch bei uns nutzen?

Überträgt man die Problematik auf ein anderes Berufsfeld mit ähnlichen Standards, dann wird für mich klar, dass zur Zeit, so lange Facebook die notwendigen Standards noch nicht anbieten kann, Seelsorge in der Regel fahrlässig sein, da wesentliche diagnostische Methoden (noch) nicht möglich sind (aber auch hier wird daran gearbeitet). Ähnlich wie in der Seelsorge ist es für Menschen hoch attraktiv zunächst die (relative) Anonymität des Net-

zes zu nutzen und z.B. bei Themen wie Sexualität oder unangenehme Erkrankungen ehrlicher fragen zu können. Bei vielen solcher Foren erlebt man aber, dass — wenn es über das allgemeine Wissen hinaus geht — auf konkrete Sprechstunden bei Ärzten verwiesen wird. Diesen „garstigen Graben" zu überwinden und von dem Einstieg in das Seelsorgegespräch auf sichere Möglichkeiten zu verweisen (telefonseelsorge.de, chatseelsorge.de oder kummernetz.de oder andere), halte ich für den einzigen gangbaren Weg. Ich bin mir auch nicht ganz sicher, ob es tatsächlich eine App braucht oder wir schon gute andere Angebote haben, die nur vernetzt werden müssten, ohne dass jede Landeskirche ihre eigene Applikation aufsetzen muss. Nach meiner Beobachtung hat im Bereich Seelsorge im Internet immer noch jeder sein eigenes Fürstentum. Selbstverständlich werden Leute bei dem Verweis abspringen: („Ich merke, dass Du da große Probleme mit . . .

11.4 Seelsorge in Facebook — eine Problemanzeige

hast. Willst Du nicht mal intensiver mit jemanden darüber nachdenken z.B. bei...."). Für mich hier prägend war eine Vorlesung eines Theologieprofessors für Seelsorge in Bethel, der uns jungen Theolgiestudierenden, die wir „endlich" an die Seelsorge ran wollten und überall nach potenziellen Fällen suchten, folgendes mitgab: „Wenn mich abends in der Kneipe jemand nach dem Muster anspricht, ‚Sie sind Pfarrer. Gut zu wissen. Ich wollte schon immer mal mit jemanden über den Tod meiner Mutter, den grausamen Mord an ... 'oder so etwas anspricht, lade ich ihn sehr freundlich am nächsten Tag zu mir ins Pfarramt ein. Wenn ihn diese Sache wirklich intensiv bedrückt und beschäftigt, wird er kommen und wir können seelsorgerlich daran arbeiten. Wenn er daran kein Interesse hat, dann scheint diese Sache für diesen Menschen nicht so wichtig sein — dann muss er mir den Abend in der Kneipe nicht verderben"

* * *

Ich stimme vollkommen zu. So internetaffin ich bin, so skeptisch bin ich, wenn es um den vielfachen allzu sorglosen Umgang mit Internet-Seelsorge durch manche Kolleginnen und Kollegen geht. Das beginnt bei der Seelsorge per Mail und geht weiter bei den sozialen Netzwerken. Nicht nur, dass solche Gespräche potenziell abgehört werden können. Auch ist der staatliche Zugriff nicht ausgeschlossen. Der Schaden für die Seelsorge im Allgemeinen wäre wohl immens, wenn Seelsorge-Protokolle öffentlich würden. Sehr problematisch m.E.: Gemeinde-Email-Adressen, die von ‚irgendeinem' Systemadministrator aus der Gemeinde angelegt werden und dann von den Mitarbeitenden genutzt werden. Wer kann hier mitlesen? Diese Frage stellen sich viele nicht. Gerade bei Facebook gibt es noch den Aspekt, dass durch eine unaufmerksame Bedienung Dinge öffentlich werden können, die es nicht sollen und dürfen. Auch im kirchlichen Kontext habe ich das schon mehrere Male erlebt. Eine unbemerkte (oder zu spät bemerkte) Falschveröffentlichung ist nur schwer oder gar nicht rückholbar.

Trotzdem: Ich selbst habe verschiedentlich seelsorgliche Gespräche in sozialen Netzwerken geführt - allerdings haben diese immer damit begonnen, dass ich auf die o.g. Problematik hingewiesen und auf andere Angebote verwiesen habe. Allerdings wollten die Leute nicht wechseln. Sie hatten gezielt nach einem Pfarrer gesucht und waren froh, einen gefunden zu haben. Ein Treffen war wegen der räumlichen Entfernung ausgeschlossen. Was also tun? Ich habe die Gespräche angenommen. Es waren intensive und tiefgehende Gespräche, die tiefer gingen als mancher face-to-face-Kontakt.

Kurzum: Hohe Vorsicht walten lassen, im Einzelfall nach besten Wissen und Gewissen entscheiden. Transparent informieren und die Profis (Telefonseelsorge etc.) ins Spiel bringen. Eine App wäre sicher nicht schlecht. Aber auch sonst ist doch die Online-Nutzung ziemlich nahtlos, so dass der Wechsel auf eine sichere Website reichen würde, oder?

Die Bethel-Professoren-Meinung, dass Seelsorge nur im nichtöffentlichen Raum stattfinden solle, kann ich allerdings nicht teilen. Seelsorge muss überall stattfinden können und tut es faktisch auch (gerade in Kneipen — allerdings oft nicht durch Pfarrer.) Einen Gesprächsabbruch (wie von ihm vorgeschlagen) halte ich für falsch. (Buchtipp: „Das Kurzgespräch in Seelsorge und Beratung" von Tim Lohse.) Viele Menschen (Onliner zumal) haben heute die Einstellung, dass sie ihre Probleme und Nöte dann klären wollen, wenn sie für sie der richtige Zeitpunkt ist. Werden sie abgewiesen, suchen sie sich anderswo „Seelsorge". Deswegen ist es auch richtig, dass es keine Bürozeiten bei der Telefonseelsorge (und auch hoffentlich sonst in der Seelsorge) gibt.

* * *

Tobias hat in einem Kommentar unter seinen Blogartikel bereits einen meines Erachtens wesentlichen Punkt angesprochen, die Differenz zwischen institutionalisierter und personalisierter Seelsorge. Fatal wäre es auf jeden Fall, wenn die Institution Kirche (EKD, EKiR, ELK-WUE, ...) auf ihrer Facebookseite Seelsorge über die Facebookboardmittel anbieten würde. Das ist, meine ich, auszuschließen. Davon ist jedoch zu unterscheiden, wenn ein Geistlicher einen Account auf Facebook hat und als Seelsorger angesprochen wird (wobei der angesprochenen Person immer bewusst ist, dass es sich um „Seelsorge" handelt, sei auch mal dahingestellt). Und hier würde ich auch den Einwand von N.N. nicht gelten lassen: Ich bin überzeugt, dass es auch für Seelsorge einen Kairos gibt. Sicherlich nicht in jedem Fall, aber es gibt ihn sicherlich in einigen Fällen. Wenn dieses Gespräch dann in diesem Moment nicht zustande kommt, kommt es am nächsten Tag sicherlich nicht zustande. Letztlich ist man in der Zwickmühle: Kann man das Gespräch in diesem Moment nicht auf „sicherere" mediengestützte Wege umleiten (Telefon wäre sicherlich nicht sicher, aber doch sicherer) — was tun? Es gibt das Problem der Datensicherheit und die Möglichkeit des verpassten Kairos. Denn selbst, wenn eine Person sagt, am nächsten Tag zum Gespräch zu kommen, kann sich die Meinung doch auch schnell wieder ändern. Zudem hat auch die textgestützte Kommunikation ihre Vorzüge gegenüber eines Telefonats, so dass das Gespräch hier sicherlich anders verlaufen wird (cf. dazu die Schilderungen zur internetbasierten Seelsorge umgesetzt und geschildert aus Sicht der Telefonseelsorge von Vesten und Greulich in WzM, 63. Jg. (2011), 438-451). Eine generelle Leitlinie würde ich daher für einen solchen Fall nicht ausgeben wollen, sondern empfehlen, die Situation jeweils bedacht abzuwägen. Dies scheint mir Tobias mit seinem Statement anzustreben, dazu liefert er noch vier bedenkenswerte Kriterien. Ich finde das momentan recht überzeugend, auch wenn es natürlich nicht letztlich zufriedenstellend ist. Gibt es daher eigentlich bereits Gespräche von Kirchen mit Facebook, ob nicht von Facebook selbst gewisse Möglichkeiten eingeräumt werden (können).

* * *

Solch eine Seelsorge-App wäre schon klasse. Das könnte ein schönes interkonfessionelles Projekt im deutschsprachigen Raum sein, auf das jeder Seelsorgende mit einer institutionalen Mail-Adresse (Rheinland z.B.: @ekir.de-Adresse) mit einfachem Klick/Link zugreifen und einen (im Rahmen der Technik notwendig immer nur relativ) sicheren und nicht protokollierten Dialog sicher stellen kann.

Ein App sozusagen für alle; die einzelnen Bistümer, Landeskirchen, Freikirchenverbände sorgen für die nötigen Rechenzentrumsanbindung. Seelsorgende mit institutioneller Mailadresse können im Rahmen ihres Bistums / ihrer Landeskirche / ihrer Freikirche darauf zugreifen, im konkreten Fall einen Link generieren, der mit einem Klick, einem freigewählten Usernamen und einem jeweils aktuellen Password die geschützte Kommunikation ermöglicht.

Egal in welchem Netzwerk, wer-kennt-wen, Facebook, StudiVZ könnte auf diese ein Angebot verzweigt werden. Man wäre unabhängig von US-Geheimdiensten und ihrer Gnade, technisch könnte man bei einem der großen Anbieter wie Telekom andocken, die ja auch im Telefonbereich Seelsorgenummern für Seelsorger ermöglichen, die nicht im Anrufprotokoll der Anbieter auftauchen. (Ist das bekannt? Jeder Seelsorger kann eine entsprechende Telefonnummer registrieren lassen, die das

11 Informationstechnologie in der Kirche

Seelsorgegeheimnis sichert - sofern nicht im heimischen Apparat/Computer selber die Nummern bereits gespeichert werden. Und jeder mit solch einer Möglichkeit verpflichtet sich, die Nutzer in seinem Haushalt darauf hinzuweisen, dass er die Nummern protokolliert. Das wäre ein interessanter Hinweis, an die öffentlichen Datenschutzbeauftragten, ob dies nicht mal öffentlich problematisiert werden müsste, dass die Praxis im privaten Bereich dank der Möglichkeiten jeder einfach Fritz!box ganz anders aussieht.)

Die Internet-Angebote von Telefonseelsorge/Internetseelsorge ließen sich möglicherweise integrieren, oder diese App an diese andocken.

Es wäre fast ein einziger Klick, man würde das Gespräch „am Zaun oder im Bus oder in der Kneipe" beginnen, und könnte dem Gesprächspartner/der Gesprächspartnerin signalisieren: Dein Gespräch ist mir so wichtig, dass ich dir anbieten kann, dieses Gespräch jetzt sofort ungestört und abhörsicher weiter zu führen.

Was den Beteler Praktologen betrifft: Das scheint mir mehr eine Frage nach der eigenen Abgrenzung und weniger nach der Abhörsicherheit zu sein. Sicher, ein Pfarrer oder eine Pastorin ist irgendwie immer im Dienst. Aber andererseits braucht er oder sie auch mal einen „öffentlichen Rückzugsraum", damit man nicht entsprechend ausbrennt. Und wer dann sagt: „Tut mir leid, (ich bin nicht der liebe allmächtige Gott, der sich immer und überall seinen Schäfchen sofort zuwenden kann), ich kann jetzt nicht und bin nur privat hier, aber morgen könnte ich ihnen in meiner Sprechstunde mein ganzes Ohr und mein ganzes Herz geben", dann hätte er mein Verständnis. Wobei ich unterstellen würde, dass der werte Kollege gewichten würde, ob es nicht im konkreten Fall doch besser wäre, zu einem kurzen Spaziergang aufzubrechen und das Gespräch vor Ort zu führen — und dafür die Sprechstunde am nächsten Tag sozusagen abzukürzen, um Muße zum Auftanken zu haben. Aber das ist dann eine Frage der eigenen Grenzen und Möglichkeiten (und nicht jeder Seelsorger muss Internet-Seelsorge betreiben). Die Diskussion hier geht ja vielmehr um die der Seelsorge notwendige Abhörsicherheit, und die sollten Internet-Seelsorgende zwingend sicherstellen und nur in einer Übergangszeit und der Not gehorchend zähneknirschend Abstriche machen.

Welche Möglichkeit gibt es eigentlich für Internet-Seelsorgende, sich an Angebote wie chatseelsorge.de anzudocken? Das wäre ja ggf. eine Alternative zu solch einer App?

* * *

Hier der Link zum FB-Chat der finnisch-lutherischen Kirche www.facebook.com/kirkkosuomessa/ app_177794048978925 Übertragen ließe sich das schon, es ist aber auch möglich, bestehende Plattformen wie chatseelsorge.de entsprechend als Facebook-App einzubinden.

* * *

Vor Kurzem habe ich zufällig diese Nachricht gesehen, die darüber berichtet, dass Facebook alle Chat-Nachrichten automatisiert analysiert und ggf. an Mitarbeiter weiterleitet, die dann ihrerseits Behörden verständigen können.

Nun ist Facebook-Seelsorge idR vermutlich auf dem Level von unspektakulärer Alltags-Seelsorge anzusiedeln, aber man stelle sich einmal vor, die beiden Kommunizierenden passen zufällig in das Suchmuster (z.B. 60-jähriger Pfarrer kommuniziert mit 13-jähriger Konfirmandin seelsorglich) und diese Nachricht würde dann an einen Facebook-Mitarbeiter weitergereicht! Oder ein Chat-Partner gesteht! Es handelt sich nicht um Alltagsseelsorge und ein Straftäter würde ein Delikt gestehen, was dann unverzüglich bei einem Facebook-Mitarbeiter und anschließend bei der Polizei landet!

Das wäre m.E. nicht nur unangenehm, sondern würde Pfarramt, Kirche und Beichtgeheimnis ungünstig diskreditieren. Die Beispiele zeigen m.E. deutlich, warum Seelsorge über Facebook ein No-Go ist. Dies m.E. müsste von kirchlicher Seite auch deutlich kommuniziert werden, um Missverständnissen vorzubeugen.

* * *

Für mich fast schon Alltag: In irgendeiner Community oder auf einem Forum offenbart jemand Selbstmordgedanken. Wie reagiere ich? Oder ein Chat, der „ganz harmlos" beginnt, führt in die Tiefe, zu ganz persönlichen Fragen. Und schon, ob ich nun will oder nicht, bin ich Seelsorger, ganz praktisch. Ohne Ausbildung dazu und ohne dass ich das so nennen würde. Aber was bleibt mir anderes übrig, als auf die Probleme meiner Mitmenschen einzugehen, wenn ich mich als Mitmensch und Christ nicht verraten will?

12
Datenschutz und der Zensur

12.1 Darfst Du doodlen?

„Zwei Juristen — drei Meinungen. Manchmal ist ein Witz gar nicht Mal so weit von der Wahrheit entfernt." — so leitet ein Rechtsanwalt eine Sammlung mit Juristen-Witzen ein. Wenn man sich das Durcheinander im Datenschutz ansieht, ist dieser Witz fast noch eine Untertreibung. Sechszehn Bundesländer mit eigenen Datenschutzgesetzen, dazu das entsprechende Bundesgesetz. Wer soll da den Überblick behalten?

Auch wenn das zugrundeliegende Recht gleich ist, kann die Auslegung sich unterscheiden. Dies macht die unterschiedliche Bewertung des Terminfindungsdienstes *Doodle* durch die Unis in Kön und Wuppertal deutlich. Köln lässt seine Studies und Mitarbeitenden *doodlen* [5]:

> „Im Grunde ist gegen die Nutzung von doodle im dienstlichen Zusammenhang nichts einzuwenden, wenn die Teilnehmer ein Pseudonym verwenden können oder ihren Namen/ihre Email-Adresse völlig freiwillig - also auch frei von dienstlichem Druck - dort eintragen."

Wuppertal verbietet das *Doodlen* [29]:

> „In der Bergischen Universität Wuppertal besteht Einigkeit darüber, dass ‚doodle' für dienstliche Terminabsprachen nicht verwendet werden darf."

Köln und Wuppertal liegen beide in NRW und im Geltungsbereich desselben Datenschutzrechtes. Bei Universitäten als Horten der Lehre und

Wissenschaft sollte man in der Bewertung von Doodle nicht Inkompetenz unterstellen. Ich stelle mir vor, dass sich Professoren und Professorinnen beider Bildungseinrichtungen verabreden wollen, die Kölner fragen ihre Wuppertaler Kolleginnen und Kollegen via *Doodle* an, die die Terminanfrage dankend ablehnen. Den Begründungsdialog würde ich gerne hören.

Vielleicht sind es aber nicht nur Lehrende aus Köln und Wuppertal, die sich verabreden wollen, sondern es sind auch Kolleginnen und Kollegen aus anderen Bundesländern dabei. Was passiert, wenn es um Theologie-Profs geht, die an einer kirchlichen Hochschule arbeiten. Gilt für sie kirchliches oder staatliches Datenschutzrecht? Evangelisches und/oder katholisches Datenschutzrecht?

Muss ich im schlimmsten Falle das Recht (oder dessen Auslegung) aus 16 Bundesländern und 22 Landeskirchen zur Deckung bringen (und wenn wir es ökumenisch sehen, auch noch katholisches Recht), nur um eine Terminabsprache zu bewerkstelligen?

Die Uni Wuppertal bietet ihren Studierenden und Mitarbeitenden eine Alternative zu Doodle, sie verweist auf `terminplaner.dfn.de`, den Terminplaner des Deutschen Forschungsnetzes. Wer nicht doodlen will, kann ja gerne dfn-terminplanen.

Ich bin Theologe und Informatiker und kein Jurist, mir scheint es aber in der Frage der Zulässigkeit der *Doodle*-Nutzung auch darum zu gehen, dass für die *Doodle*-Befürworter die Möglichkeit einer datenschutzkonformen Nutzung für eine positive Bewertung ausreicht, während der Fraktion der *Doodle*-Gegner die Möglichkeit einer missbräuchlichen Nutzung ausreicht, *Doodle* abzulehnen.

Niemand ist gezwungen, bei einer *Doodle*-Nutzung personenbezogene Daten zu verwenden, man kann Pseudonyme verwenden, die sich nur den anderen Teilnehmenden der Terminumfrage erschließen. Andererseits zeigt die Praxis, dass die meisten User einfach ihren Realnamen verwenden

Ich erinnere mich noch dunkel, vor dem Internet gab es auch noch die Zeit, da hat man sich über die Post verabredet und Termineinladungen verschickt. Man konnte auswählen zwischen der Postkarte mit billigerem Porto und dem teureren Brief. Je nach Anlass wurde differenziert.

Wer ausschließen wollte, dass jemand Unbefugtes die Einladung las, konnte statt einer Postkarte den Brief wählen. Und wer ganz sichergehen wollte, bezahlte zusätzlich für ein Einschreiben, dass nur an den Empfänger bzw. die Empfängerin ausgehändigt wurde.

12.1 Darfst Du doodlen? 161

Gut, dass es zu *Doodle* auch Alternativen gibt. Niemand ist gezwungen zu doodlen, um sich zu verabreden. Es stellt sich allerdings die Frage: Doodlest du oder doodlest du nicht? Die Antwort darauf ist nicht einfach, schön wäre es jedoch, wenn die rechtliche Bewertung einfacher wäre. Warum regelt kirchliches Datenschutzrecht nicht nur die kirchenspezifischen Angelegenheiten wie Seelsorge und Beichte? Dann könnte man das EKD-Datenschutzgesetz entschlacken und vielleicht auf die landeskirchlichen Durchführungsverordnungen verzichten. Warum gibt es kein bundeseinheitliches Datenschutzrecht?

Können wir uns solch eine komplizierte Rechtslage leisten?

Darfst Du *doodlen*? (Ja) (Nein) (Wenn es sein muss)

12.2 Lieber diskret nach Paris Hilton suchen

Immer wieder erlebe ich es, dass Menschen Internetanschriften in den Suchschlitz ihrer Suchmaschine eingeben, anstatt die Internetanschrift direkt in die Adresszeile des Browsers einzutippen. Diese Verhaltensweise macht deutlich, Suchmaschinen erschließen uns das Internet. Google, Bing & Co zeigen uns das Netz. Das klappt auch wunderbar, immer besser erraten die Suchmaschinen, was wir tatsächlich wollen.

Suchmaschinen können dies aber nur, weil sie uns kennen. Je mehr eine Suchmaschine — so wie Google — über mich weiß, desto bessere Ergebnisse kann sie mir präsentieren [11]:

„In den meisten Fällen finden Nutzer die gesuchte Information auf Google. Uns ist jedoch bewusst, dass unsere Suchergebnisse nicht immer den gewünschten Erfolg bringen. Das liegt daran, dass ein gewisser Grad an Spekulation unvermeidlich ist, besonders dann, wenn der Suchbegriff nicht eindeutig ist. Wenn Sie [Paris Hilton] eingeben, meinen Sie dann das Hotel in der französischen Metropole oder suchen Sie nach dem neuesten Klatsch über die Millionenerbin? Möchten Sie bei der Eingabe von [Chelsea] Informationen über den Fußballverein erhalten oder etwas über das Viertel in London oder in New York erfahren?

Ein Algorithmus kann all diese Fragen nicht beantworten. Daher ist es hilfreich, wenn wir ein paar Dinge über Ihre Präferenzen wissen. Wenn wir einige Anhaltspunkte dazu haben, stehen die Chancen besser, dass wir Ihnen gleich beim ersten Versuch die gewünschten Ergebnisse liefern können."

Personalisierung heißt das Schlüsselwort für diesen Erfolg. Am besten werden die Ergebnisse, wenn der Suchmaschinenbetreiber auf ein Protokoll meiner Online-Aktivitäten zurückgreifen kann. Gerade auf dem Smartphone finde ich es außerordentlich hilfreich, wenn bei Auto-Vervollständigen nach wenigen getippten Buchstaben schon die Begriffe vorgeschlagen werden, nach denen ich suchen will — so als ob die Suchmaschine meine Gedanken lesen könnte.

Auch Anzeigen — damit verdienen die Suchmaschinen schließlich ihr Geld — sollen zu meinen Interessen passen. Je zielgenauer, desto erfolgreicher ist die Werbung. Grundlage für meinen Komfort und den Erfolg des Marketings ist die Personalisierung, dass die Suchmaschine mich kennt. Auch Bing — die von Microsoft betriebene Suchmaschine — verfährt ähnlich

12.2 Lieber diskret nach Paris Hilton suchen 163

wie Google. Bezeichnend ist Googles Selbstverpflichtung, dass auf der Grundlage vertraulicher Informationen wie Religion, sexuelle Orientierung, Gesundheit oder vertrauliche finanzbezogene Kategorien gewonnes Wissen nicht für die Personalisierung genutzt wird [12].

Sowohl bei Google als auch bei Bing kann man das Datensammeln (teilweise) unterbinden, allerdings wird es dem Benutzer bzw. der Benutzerin nicht einfach gemacht. Vor allen Dingen: man kann sich nicht mit einem Klick von jeglicher Personalisierung befreien [7]:

„Was geschieht, wenn ich mich abmelde?

Wenn Sie sich abmelden, bedeutet dies *nicht*, dass Sie gar keine oder weniger Werbung erhalten. In diesem Fall ist die Werbung, die Sie erhalten, jedoch nicht mehr personalisiert.

Außerdem werden auch nach der Abmeldung weiterhin Daten erfasst. Diese und andere über Sie in der Vergangenheit erfassten Daten werden jedoch nicht mehr zum Anzeigen von personalisierter Werbung verwendet. Microsoft stellt auch weiterhin personalisierte Inhalte wie Nachrichtenartikel, die bei MSN angezeigt werden, sowie die Ergebnisse aus Ihrer Suche nach Software-Updates für Sie bereit."

Geht es auch anders? Ja! Die Metasuchmaschine Startpage `startpage.com/deu` bietet eine anonyme Suche über Google an [24]:

„Wenn Sie mit Startpage suchen, bereinigen wir alle Informationen, die zu einer Identifizierung führen können und geben Ihre Suchanfrage dann anonym an Google weiter. Wir erhalten dann die Suchresultate und retournieren diese an Sie unter absoluter Wahrung Ihrer Privatsphäre."

Ich frage mich, warum bieten Google und Bing diesen Service nicht selbst an? Die Antwort ist offensichtlich: Würden sie es so einfach machen, könnten Sie sich schnell ihres Geschäftsmodells berauben. Niemand wechselt gerne, es ist schwierig, neue Marktanteile zu gewinnen. Es wäre verlockend, Google weiter nutzen zu können, ohne personenbezogene Daten preiszugeben. Oder es sind die Marketing-Experten bei Google, die den Datenschutz verhindern: Die User Experience wäre eine andere, käme Google ohne Personalisierung daher.

Aus dem Hause Ixquick kommt neben Startpage auch die unter dem eigenen Namen `ixquick.com` vertriebene Metasuchmaschine. Ixquick wirbt damit, die *diskreteste* Suchmaschine der Welt zu sein, die keine IP-

Nummern speichert und Träger des *European Privacy Seal*, also des Europäischen Datenschutz-Gütesiegel EuroPriSe ist. EuroPriSe wurde u.a. vom Unabhängigen Landeszentrum für Datenschutz Schleswig-Holstein aufgesetzt und von der Europischen Kommission im Rahmen des eTEN Work Programm gefördert. Wie wichtig das sparsame Erheben von Daten ist, zeigt eine technische Panne von AOL, wobei Hunderttausende Suchabfragen mit persönlichen Daten öffentlich wurden. Deshalb wirbt Ixquick für die Privatsphäre [14]:

„Suchen wir etwas im Internet, teilen wir unsere privatesten Gedanken mit unserem Computer. Diese Gedanken gilt es privat zu halten."

Ich habe mir Ixquick in der Toolbar meines Browsers als zusätzliche Suche installiert. Nun kann ich über Ixquick genauso einfach suchen wie über Google und Bing.

Ixquick beherrscht Verschlüsselung und bietet an, die Suchergebnisse über einen Proxy-Server abzurufen. Dadurch wird ausgeschlossen, dass meine Suchabfragen im Netzwerk lesbar sind. Außerdem kann ich die Suchergebnisse aufrufen, ohne mich erkennen zu geben.

Nutze ich Ixquick? Nach einer Woche Praxis-Test muss ich gestehen, dass ich zu sehr ein Gewohnheitstier bin. Die Google-Nutzung überwiegt bei mir, ich habe mich zu sehr ans Layout und die Präsentation der Ergebnisse gewöhnt. Obwohl ich mich über Google als Datenkrake beklage, nutze ich Google trotzdem. Mein Komfort-Faktor siegt in der Regel über den Datenschutz. Muss ich das ändern? Soll ich mich ändern?

Trotzdem bin ich froh, dass es Alternativen zu Google gibt.

Jemand im Landeskirchenamt erhielt den Hinweis, dass die Website einer Kirchengemeinde Links zu Porno-Seiten enthalte. Bevor man auf die Gemeinde zugeht, muss man dies natürlich überprüfen. Aber Porno-Seiten vom eigenen Arbeitsplatz-PC aufrufen? Oder lieber im Beisein einer Zeugin oder eines Zeugen diese Seiten ansurfen?

Eine anonyme Suche und ein anonymes Aufrufen der Suchergebnisse können in solchen Fällen hilfreich sein. Wenn aber anonymes Surfen die Ausnahme ist, stellt sich fast die Frage: macht sich bereits verdächtig, wer anonym unterwegs ist? Oder will ich nur nicht, dass Google aus meiner [Paris Hilton]-Suche den Schluss zieht, ich bin nur an Gesellschaftsklatsch interessiert und mich bei meinen nächsten Suchen mit Glamour-Werbung überzieht.

12.3 Datenschützer über Facebook-Fanpage: „Kommunikation auf der Seite soll nicht stattfinden"

Jetzt wird es absurd: das Land Rheinland-Pfalz beteibt eine Facebook-Fanpage, die gestern neu gewählte Ministerpräsidentin Malu Dreyer fordert auf, nun zur Kommunikation mit ihr die offizielle Facebook-Seite des Landes anstelle ihres persönlichen Facebook-Kontos `facebook.com/malu.dreyer` zu nutzen und Edgar Wagner, der Chef-Datenschützer des Landes Rheinland Pfalz, fordert noch am selben Tage im Interview das Gegenteil [28]:

> „Kommunikation auf der Seite soll nicht stattfinden. Das Ziel ist, dass auf der Seite möglichst wenig Interaktion stattfindet, damit wenige Nutzungsdaten erzeugt werden."

Was nun — Hü oder Hott? Verstehe ich den rheinland-pfälzischen Datenschutzkompromiss richtig, wenn er sagt Facebook-Nutzung ja, aber Kommunikation über Facebook nein. Also, lasst die User auf Facebook ruhig Fragen stellen, aber Antworten kriegen sie keine. Das ist nun wirklich absurd.

Ich konnte es nicht lassen, nun zu dieser Thematik auf der RLP-Facebook-Seite eine Frage dazu zu posten. Erhalte ich eine Antwort, setzen sich die Page-Admins über den Datenschützer hinweg, erhalte ich keine Antwort, zeigt sich, wie absurd die Regelung ist. Ich bin gespannt.

Wer das ganze Interview mit Edgar Wagner, der seit 2007 Landesbeauftragter für den Datenschutz in Rheinland-Pfalz ist, liest, wird auch auf Passagen treffen, denen auf jeden Fall zuzustimmen ist. Zum Beispiel, keine Informationen exklusiv auf Facebook einzustellen und neben Zuckerbergs Imperium auch andere Netzwerke zu bedienen. Ebenso ist sinnvoll zu überprüfen, wer Facebook bedienen soll. Selbstredend ist, Facebook nicht für das Verwaltungshandeln zu verwenden. All dies ist sinnvoll. Bloß der Kompromiss, Facebook ja, aber Kommunikation über Facebook nein — der ist absurd.

Natürlich wirft Facebook datenschutzrechtliche Fragen auf. Wenn Facebook ein rechtswidriges Angebot wäre, dann gehörte es gesperrt. Aber solange man sich juristisch nicht sicher ist (oder sich nicht traut, die eigene Rechtsauffassung umzusetzen), solange muss man die Menschen Facebook nutzen lassen, anstatt sie ins Leere laufen zu lassen. Ein Kommunikationsangebot über Social Media den Bürgerinnen und Bürgen eines Landes zu machen, aber dann darüber nicht kommunizieren — das nimmt die Menschen nicht ernst.

Die Debatte in Rheinland-Pfalz zeigt aber auch, wie offen die Debatte um die Facebook-Nutzung ist. Falls es sich höchstrichterlich erweisen sollte, dass die Nutzung von Facebook deutschem Recht widersprechen sollte, muss man im Zweifelsfalle darauf verzichten könnnen. Oder wenn Datenschützer das Abschalten verlangen. Deshalb: Facebook darf also nicht die einzige Strategie für die Öffentlichkeitsarbeit sein, es muss immer noch einen Plan B geben. Wir bestimmen die Regeln nicht. Wir sind nur Gast auf Facebook, nicht Hausherr oder Hausherrin. Nutzungsbedingungen von Facebook können sich auch schnell ändern. Dies hat vor kurzem auch die Diskussion über die neuen Nutzungsbedingungen von Instagram gezeigt. Es kann daher schneller kommen als man denkt, dass man als Einrichtung (und als Kirche) vielleicht Facebook dann auch nicht mehr nutzen kann oder will.

Eine Präsenz auf Facebook ist kein Selbstzweck, sondern dient der Kommunikation, die in Zeiten von Social Media immer bidirektional ist. Facebook muss daher auch ein Rückkanal sein und Interaktion zulassen. Geht das nicht, sollte man es besser lassen.

Aber in der Zwischenzeit gilt: Kaufet die Zeit aus. Facebook ist kein Allheilmittel, sondern ein Kommunikationsmittel, um das unter die Menschen zu bringen, was uns aufgetragen ist.

12.4 Wer nach der Misstress sucht, läuft in die (Selbst-)Zensur

Dies ist mir noch nie passiert, gleich zwei Mal werden Ergebnisse bei einer Suche ausgeblendet. Auf meine Google-Anfrage hin erhalte ich neben einigen Treffern zweimal die Meldung, dass bestimmte Ergebnisse aus rechtlichen Gründen nicht angezeigt werden. Wieso? Weshalb? Warum? Angabe eines Grundes für diese Blockade? Fehlanzeige beim ersten der blockierten Treffer. Es wird nur ein Link auf chillingeffects.org angeboten, dort prangt in Englisch eine Überschrift in Fettdruck [2]:

> "German regulatory body reported illegal material
>
> A URL that otherwise would have appeared in response to your search, was not displayed because that URL was reported as illegal by a German regulatory body. Ihre Suche hätte in den Suchergebnissen einen Treffer generiert, den wir Ihnen nicht anzeigen, da uns von einer zuständigen Stelle in Deutschland mitgeteilt wurde, dass die entsprechende URL unrechtmäßig ist."

Das ist alles. That's it. Nicht mehr und weniger.

„Chilling Effect" — wörtlich am besten als abschreckende Wirkung oder auch als abkühlende Wirkung zu übersetzen — ist ein amerikanischer Rechtsbegriff, der einen selbstregulierenden Interessenausgleich bezeichnet oder besser: bezeichnen sollte. Die Realität sieht in Bezug auf das Internet allerdings oft anders aus. Aus Angst vor möglichen juristischen Auseinandersetzungen üben viele Informationsanbieter vorab Selbstzensur und stellen kritische Inhalte erst gar nicht online. Aus Furcht vor möglichen Abmahnungen wird so das auch in den USA verfassungsmäßig garantierte Recht auf freie Meinungsäußerung (Free Speech) untergraben, bemängeln Kritiker, statt eines berechtigten Interessenausgleiches finde de facto eine Selbstzensur statt.

chillingeffect.org ist eine von der *Electronic Frontier Foundation* und mehreren Jura-Fakultäten von US-Universitäten gegründete Initiative, um diese Fälle zu dokumentieren und analysieren. Sie sammelt Abmahnverfügungen und wertet diese aus. Ziel ist es zu untersuchen, welche Auswirkungen Abmahnverfahren auf Meinungsfreiheit haben.

Im Fall der zweiten Blockade meiner Suchergebnisse erhalte ich über chillingeffects.org wenigstens Links zu Scans eines deutschen Gerichtsurteils. Aufgrund eines Urteiles werden bestimmte Treffer unterdrückt.

168   12 Datenschutz und der Zensur

> Darüber hinaus den Beklagten zu verurteilen, den Internetsuchdienst Google anzuweisen, dafür Sorge zu tragen, das bei Eingabe des Namens des Klägers „▓▓▓▓ ▓▓▓▓▓▓▓▓" oder „▓▓▓▓▓▓▓▓, ▓▓▓▓" nicht mehr auf die Internetseiten des Beklagten verwiesen wird.

Abb. 12.1. Gerichtsurteil verbietet Namensnennung

Vollkommen klar, das Internet ist kein rechtsfreier Raum, aber Google macht es sich zu einfach, wenn nur Ergebnisse ausgeblendet werden, ohne das dem oder der Suchenden gesagt wird, warum. Google könnte selbst die Gründe angeben, warum bestimmte Treffer unterdrückt werden. Das hülfe den Suchenden sehr, die Informationsblockade selbst zu bewerten. Wer solche Aufgaben an ein Uni-Projekt wegdeligiert, drückt sich vor dieser Verantwortung.

Abb. 12.2. Google unterdrückt Suchergebnisse

Ein weiterer Verdacht drängt sich auf: Die Google-Ergebnisseite spricht nur von „Rechtsgründen" — es könnte also auch Angst vor einer möglichen Abmahnung sein. Unterwirft Google sich einer Selbstzensur, um sich keine Abmahung einzufangen? Einer Abmahnung kann man widersprechen, dagegen auch gerichtlich vorgehen — und nur wenn ein Gericht es verbietet, dann blockiert man. Hat Google etwa kein Interesse an Informationsfreiheit? Was heißt dies für Länder, die kein Rechtsstaat sind und Informationen unterdrücken wollen?

Suchmaschinen sind die Gatekeeper für Informationen im Web. Sie bestimmen, was wir in der Online-Welt wahrnehmen. Sie filtern das Web für uns. Deshalb tragen sie und ihre Betreiber eine hohe Verantwortung — und sie brauchen unser Vertrauen in ihre Unabhängigkeit bei der Präsentation der Ergebnisse.

12.4 Wer nach der Misstress sucht, läuft in die (Selbst-)Zensur

Hier kann sich Google noch verbessern.

PS: Ausgangspunkt meiner Google-Recherche war die Frage, wie die weibliche Form für „Webmaster" lautet: „Webmistress" oder „Webmasterin".

13
Urheberrecht

13.1 Guttenberg oder Gutenberg: Plagiatsjäger ertappen Pfarrer

Nun hat die evangelische Kirche auch ihren Fall Guttenberg — oder müsste man doch sagen Gutenberg? Das Urheberrecht ist so eine Sache. Gerade in der Bibel ist es nämlich nicht so eindeutig — und die biblische Praxis kann keineswegs ins 21. Jahrhundert übernommen werden.

„In der Petrus- und Paulusgemeinde [in Konstanz] sind Plagiatsjäger am Werk. Sie entlarven, dass ein Vorwort im Gemeindebrief zu großen Teilen die ungekennzeichnete Kopie eines anderen Texts ist. In der evangelischen Petrus- und Paulusgemeinde stehen Pfarrer unter besonders scharfer Beobachtung. In der fusionierten Großgemeinde mit rund 6500 Mitgliedern durchleuchten Plagiatsjäger Predigten und Texte der Gemeindebriefe auf ihre Herkunft. Jetzt kursieren in der Gemeinde Textvergleiche, die zeigen: Ein in Ich-Form geschriebener Text zur Konfirmation stammt zu großen Teilen nicht wie im Vorwort des Gemeindebriefs zur Konfirmation behauptet von Pfarrer H.W."

Der Sachverhalt [64] ist schnell dargestellt. Für das Vorwort im Gemeindebrief hat Pfarrer H.W. sich einer Online-Predigt bedient und diese nur leicht verändert zitiert. Diese Predigt benutzt Begleitmaterial aus einem Buch — dies steht über der als Vorlage dienenden Online-Predigt als Hinweis, ist aber im weiteren Text nicht eigens kenntlich gemacht. So sind auf dem Umweg über die Online-Predigt anscheinend auch Zitate aus dem Buch in den Gemeindebrief gerutscht, ohne dass Pfarrer H.W. dies kenntlich gemacht hätte.

Im konkreten Fall — das legt die Lektüre des Zeitungsartikels nahe — geht es nur vordergründig ums Abschreiben, im Hintergrund scheinen andere Konflikte in der Gemeinde zu schwelen.

Das Beispiel des Konstanzer Pfarrers ist aber auch ein deutlicher Hinweis auf den Umgang mit fremden Texten innerhalb der Kirche. Predigt als gesprochene Sprache verträgt keine Fußnoten. Natürlich können Anregungen, Gedanken und Erfahrungen anderer Menschen in die Predigt einfließen, wozu gäbe es sonst sowohl gedruckt als auch online Predigtmeditationen und Predigtsammlungen. Jedoch muss jeder Prediger sich diese fremden Inhalte aneignen und in den eigenen Sprachduktus bringen. Ein einfaches Übernehmen klappt nur selten. Das authentische *Ich* des Predigers oder der Predigerin ist entscheidend. Die Gemeinde erwartet, dass ein *Ich* auch „ich" meint.

Persönlich merke ich, dass ein Neu- und Umformulieren fremder Gedanken mich meistens mehr Zeit kostet, als meine eigenen aufzuschreiben. Wenn ich Anregungen aus Online-Predigten übernehme, kann ich das in der gehaltenen Predigt schlecht kenntlich machen. Im Predigtmanuskript notiere ich mir allerdings den Link, so dass diese Referenz für mich klar ist und klar bleibt, sollte ich die Predigt nach Jahren nochmals hervorkramen.

Umgekehrt gilt natürlich auch: Wer Predigthilfen und Predigtentwürfe bereitstellt, möchte auch, dass diese genutzt werden, sie sind quasi auf Übernahme angelegt.

„Give credit where credit is due." Die deutsche Übersetzung „Ehre wem Ehre gebürt" gibt leider nicht alle Aspekte dieses englisches Sprichwortes wieder. Mit *credits* bezeichnet man auch den Abspann im Film, wo Mitwirkende erwähnt werden, oder in einem Buch die Stellen, wo die Referenzen genannt werden.

Bei Predigten Inhalte anderer zu übernehmen, ist gewohnte Praxis, allerdings muss es auch die *credits* dafür geben. Daran hat besagter Konstanzer Pfarrer es fehlen lassen. Er hat sich mit fremden Federn geschmückt, ohne dies kenntlich zu machen. Im wissenschaftlichen Bereich steht dafür die Dissertation des ehemaligen Bundesverteidigungsministers von Guttenberg, auch er hat fremde Inhalte übernommen, ohne dies zu kennzeichnen.

13.1 Guttenberg oder Gutenberg: Plagiatsjäger ertappen Pfarrer 173

Für jede Predigt gilt, sie will Menschen erreichen, der Inhalt ist das Entscheidende. Es ist kein Zufall, dass sich die Ausbreitung der Reformation mit dem Buchdruck verband, Johannes Gutenberg und Martin Luther gehören in diesem Sinne zusammen. Inhalte konnten frei verbreitet werden, ein Urheberrecht im modernen Sinne bildet sich erst im 18. Jahrhundert heraus.

Daher ist der Name Programm, das Projekt Gutenberg www.gutenberg.org will möglichst viele Bücher ohne Gebühr online verfügbar machen. Dazu bitten sie Interessierte um Mithilfe. Primär digitalisieren sie Bücher, deren Copyright abgelaufen ist und die nun (in den USA) gemeinfrei sind. Nicht nur ein kostenloser Zugang zu den Inhalten, sondern auch deren freie Verbreitung ist Ziel des Gutenberg-Projektes.

Außer Frage steht natürlich, dass die Autorinnen und Autoren der Bücher angegeben werden, „credit where credit is due", sollte eine Selbstverständlichkeit sein. Eitelkeit von Autorinnen und Autoren und deren *Ehre* war jedoch nicht immer ein Motiv; die antike Literaturwissenschaft und die Bibelwissenschaft kennen sogar ein umgekehrtes Phänomen, die Pseudepigraphie, also *guttenbergen* umgekehrt: eigene Inhalte werden fremden Autoren zugeschrieben. Ob aus persönlicher Bescheidenheit oder um dem Text eine höhere Autorität zu geben, nannte man nicht sich selbst als Verfasser eines Textes, sondern eine andere (bekannte) Person.

Gerade für die Bibel gilt: viele Autoren sind unbekannt. Nicht der Verfasser ist wichtig, sondern die Botschaft. Textkritik versucht heute mühsam, die Verfasser aus den biblischen Texten zu rekonstruieren, dies gilt für die Quellenscheidung im Pentateuch oder die Loquienquelle im Neuen Testament.

Die Frage bleibt: wie gehen wir innerhalb der Kirche mit Inhalten um. Sollen sie möglichst weit verbreitet werden oder dem Verfasser oder der Verfasserin Anerkennung bringen? Dies kann jeder Autor und jede Autorin selbst entscheiden, die Initiative Creativecommons.org stellt hierzu passende Lizenzen zur Verfügung.

Man kann Lizenzen auswählen, die eine freie Verbreitung der Inhalte erlauben. Man kann sogar darauf verzichten, als Urheber genannt zu werden. Dann wäre sogar eine Übernahme der Inhalte möglich, ohne dass Credits gegeben werden müssten.

Mein Vorschlag: Stellen wir doch Predigten und andere Inhalte unter die entsprechende *Creative Commons*-Lizenz. Und jeder kann bei der Wahl der Lizenz frei entscheiden, ob er oder sie Credits möchte.

13 Urheberrecht

Was aber auf keinen Fall geht: Inhalte als die eigenen auszugeben, wenn ein anderer Rechte daran hat.

Kommentare

Man kann's auch übertreiben. Wenn ich eine Predigt in eine Predigtdatenbank eingebe, dann stelle ich sie automatisch frei. Und wenn jemand aus dieser Predigt zitiert, mag er das tun. Und wenn er dann noch „Ich" sagt, schneidet er sich ins eigene Fleisch. Wenn's öfter vorkommt, wird die Gemeinde schnell merken, dass da zwei Personen am Werke waren. Die Mühe, mich irgendwo um Lizenzen zu bemühen, mache ich mir nicht. Wir kommen vor lauter Eintragen, Einloggen, Absichern nicht mehr zum Leben. Im übrigen, die besten Credits sind es, wenn ab und an mal jemand auf eine Predigt reagiert und mir schreibt, dass sie ihm weiter geholfen hat. So mache ich es jedenfalls, wenn mir jemand die Qual um eine Predigt erleichtert hat.

* * *

Mal ganz ehrlich: Wenn jeder Politiker oder überhaupt jeder, der in hervorgehobenener Position eine Rede halten muss, offen und ehrlich zugeben würde, dass diese Rede zu wesentlichen Teilen von seinen Mitarbeitern für ihn verfasst wurde (schon allein, weil Redenschreiben viel Zeit kostet und diese Zeit in vielen Fllen schlicht nicht zu Verfügung steht), und dass er diese Vorarbeiten seiner Mitarbeiter zitiert, wie würde sich das anhören, wie würde

das wirken? Oder muss demnächst auch der Coach angeführt werden, der Therapeut, der Fachmann für liturgische Präsenz, die alle dazu beitragen, dass der Gottesdienst und die Predigt ist, wie sie ist? Muss demnächst der Kirchenmusiker nach vorne kommen und ausdrücklich darauf hinweisen, dass er das dritte Vorspiel im Gottesdienst genau in der Weise intoniert hat, in der ihn sein alter Kirchenmusikprofesor in einem aktuellen Aufsatz inspiriert hat?

So ein Blödsinn!

Was mich in der Tat nervt, sind Predigtvorschläge, die dem Pfarrer/der Pfarrerin in der „ich-Form" angeblich selbst Erlebtes in den Mund legen. Das halte ich für wenig authentisch bis glatt gelogen. So was darf es nicht geben. Und es ist schon peinlich, wenn man dem Sprachduktus anmerkt, dass bestimmte Formulierungen überhaupt nicht zu dem passen, der sie da gerade vorträgt.

(Wobei der fein heraus ist, der bei Radio- oder Fernsehmoderatoren in die Schule gegangen ist und selbst fremde Texte so präsentieren kann, dass sie als die eigenen durchgehen; wohingegen der ein armes Schwein ist, der so schlecht lesen kann, dass man selbst hocheigene Texte für aus dem Internet geklaut hält.)

Teil V

Anhang

Literaturverzeichnis

[1] (1871): *Strafgesetzbuch für das Deutsche Reich vom 15. Mai 1871.* URL http://lexetius.com/StGB/166.

[2] (2005): *German regulatory body reported illegal material — Chilling Effects Clearinghouse.* Chilling Effects. URL http://www.chillingeffects.org/notice.cgi?sID=815, 14.12.2005.

[3] (2009): *Kirchengesetz zum Schutz des Seelsorgegeheimnisses (Seelsorgegeheimnisgesetz ? SeelGG).* URL http://www.kirchenrecht-ekd.de/showdocument/id/12484/orga_id/EKD/search/SeelGG.

[4] (2009): *webandacht.de.* nur noch anrufbar über das Webarchiv. URL http://web.archive.org/web/20090215030645/http:/ekd.de/webandacht/2992.php.

[5] (2011): *Alternative zu doodle.* URL http://verwaltung.uni-koeln.de/stabsstelle02.3/content/einzelthemen/alternative_zu_doodle.

[6] (2011): *What would Jesus hack?* In: The Economist. URL http://www.economist.com/node/21527031, Artikel vom 03.09.2011.

[7] (2012): *Advertisement Choice.* URL http://choice.live.com/advertisementchoice.

[8] (2012): *Church of Sweden Social Media Policy.* URL http://theonetde.files.wordpress.com/2012/10/churchofswedensocialmediapolicy.pdf.

[9] (2012): *Facebook im Konfirmandenunterricht.* In: idea. URL http://www.idea.de/nachrichten/detailartikel/artikel/facebook-im-konfirmandenunterricht-1.html.

[10] (2012): *Facebook Nutzerzahlen.* allfacebook.de. URL http://www.allfacebook.de/userdata/deutschland?period=1month.

[11] (2012): *Google: Gut zu wissen - Mehr Relevanz.* URL https://www.google.de/goodtoknow/data-on-google/more-relevant.

[12] (2012): *Google: Gut zu wissen - Werbung.* URL https://www.google.de/goodtoknow/data-on-google/advertising.

[13] (2012): *Im Internet-Chat der Toten gedenken.* In: WAZ. URL http://www.derwesten.de/panorama/im-internet-chat-der-toten-gedenken-id7311007.html.

[14] (2012): *Ixquick schützt Ihre Privatsphäre!* URL https://ixquick.com/deu/protect-privacy.html.

[15] (2012): *Jesus und Maria: US-Historikerin King stellt Papyrus-Fragment vor.* In: Spiegel Online. URL http://www.spiegel.de/panorama/gesellschaft/jesus-und-maria-us-historikerin-king-stellt-papyrus-fragment-vor-a-856639.html, Artikel vom 19.09.2012.

[16] (2012): *Leitfaden von evangelisch in Facebook.* URL theonetde.files.wordpress.com/2012/11/evangelisch_facebook_leitfaden.pdf.

[17] (2012): *Open Educational Resources für Schulen in Deutschland - Whitepaper - CoLab.* URL http://www.collaboratory.de/w/Open_Educational_Resources_f%C3%BCr_Schulen_in_Deutschland_-_Whitepaper.

[18] (2012): *Pro-Deutschland-Chef will Mohammed-Film in Berlin zeigen.* In: Spiegel Online. URL http://www.spiegel.de/politik/ausland/pro-deutschland-chef-will-mohammed-film-in-berlin-zeigen-a-856029.html, Artikel vom 15.09.2012.

[19] (2012): *„Chillen mit Gott".* In: Echo Online - Nachrichten aus Südhessen. URL http://www.echo-online.de/region/darmstadt-dieburg/eppertshausen/-Chillen-mit-Gott;art1284,3199027, Artikel vom 04.09.2012.

Literaturverzeichnis 179

[20] (2012): *Rudolf Otto*. Wikipedia. URL http://de.wikipedia.org/w/index.php?title=Rudolf_Otto, Page Version ID: 111305490.

[21] (2012): *Social Media-Handreichung der Protestantischen Kirche der Niederlande*. URL http://theonetde.files.wordpress.com/2012/10/someguidelinespknnl.pdf.

[22] (2012): *Sorge mit Blick auf den Weltuntergang am 21. Dezember? Hinterlasst eure Güter der Kirche!* Fidesdienst, Presseorgan der Päpstlichen Missionswerke. URL http://www.fides.org/de/news/31282?idnews=31282&lan=deu#.UUQ4XRyUxOw.

[23] (2012): *Soziale Netzwerke: Der Facebook-Knigge*. In: Amica. URL http://www.amica.de/liebe-psychologie/tid-3616/soziale-netzwerke-der-facebook-knigge_aid_8053.html.

[24] (2012): *Startpage Web Suchen: Startpage liefert Suchresultate von Google unter absoluter Wahrung der Privatsphäre!* URL https://startpage.com/deu/.

[25] (2012): *Warum kommt der Notfallseelsorger im Krimi nicht vor?* In: idea. URL http://www.idea.de/detail/medien/detail/warum-kommt-der-notfallseelsorger-im-krimi-nicht-vor.html.

[26] (2012): *YouTube Community Guidelines*. URL http://www.youtube.com/t/community_guidelines.

[27] (2013): *Entwurf von Social Media Guidelines für die Landeskirchen Rheinland-Westfalen-Lippe vom 21.3.2013013*. URL http://www.ekir.de/url/4Ag.

[28] (2013): *Interview: Wieso Landesdatenschützer Wagner der Facebook-Kompromiss gefällt*. Rheinzeitung. URL http://www.rhein-zeitung.de/regionales_artikel,-Interview-Wieso-Landesdatenschuetzer-Wagner-der-Facebook-Kompromiss-gefaellt-_arid,540205_arpage,2.html#articletop, 18.01.2013.

[29] (2013): *Tipps und Hinweise zum Datenschutz*. URL http://www.uni-wuppertal.de/universitaet/struktur_institutionen/datenschutz/DS-Tips.html.

[30] ANONYM (2012): *Innocence of Muslims*. YouTube-Video. URL http://youtu.be/JsIqjg3VkrE.

[31] BEN-CHORIN, SCHALOM. (2004): *Bruder Jesus: der Nazarener in jüdischer Sicht.* Gütersloher Verlagshaus, Gütersloh.

[32] BROK, TOM O. & REIMANN, RALF PETER. (2007): *Gottesdienst und Gemeinde im Internet?* In: Liturgie per Mausklick, Zeitschrift der Gemeinsamen Arbeitsstelle für gottesdienstliche Fragen der Evangelischen Kirche in Deutschland. URL http://www.ekd.de/internet/vortraege/070610_brok_reimann.html.

[33] BUGGISCH, CHRISTIAN. (2011): *Deutsche Social Media Guidelines.* URL http://buggisch.wordpress.com/2011/10/12/deutsche-social-media-guidelines/, Blogpost vom 12.10.2011.

[34] DAHL, KNUT. (2011): *Twittergottesdienst.* URL http://twittergottesdienst.meckenheim-evangelisch.de.

[35] DAHL, KNUT. (2012): *Neue Überlegungen zu einem Twittergottesdienst im Anschluss an das Barcamp in Frankfurt.* Pastorenstückchen. URL http://pastorenstueckchen.de/2011/05/neue-ueberlegungen-zu-einem-twittergottesdienst, Blogpost vom 08.05.2012.

[36] DEUTSCHE BISCHOFSKONFERENZ (2012): *Pressemeldung: Deutsche Bischofskonferenz veröffentlicht Empfehlungen für „Social Media Guidelines".* URL http://www.dbk.de/nc/presse/details/?presseid=2131, 10.07.2012.

[37] DEUTSCHE BISCHOFSKONFERENZ (2012): *„Social Media Guidelines" für kirchliche Mitarbeiter.* URL http://www.dbk.de/fileadmin/redaktion/diverse_downloads/presse/2012-109b-Empfehlungen-Social-Media-Guidelines.pdf.

[38] GOCKEL, TILO. (2010): *Form der wissenschaftlichen Ausarbeitung.* München. URL http://www.formbuch.de.

[39] GOLIJAN, ROSA. (2012): *Surprise! Facebook users vote against privacy policy changes.* In: NBC News. URL http://www.nbcnews.com/technology/technolog/surprise-facebook-users-vote-against-privacy-policy-changes-1C7412771.

[40] HEDEMANN, FRANK. (2012): *Facebook-Alternativen: Große und kleine Rivalen des sozialen Netzwerks.* t3n. URL http://t3n.de/news/facebook-alternativen-378413, artikel vom 28.03.2012.

Literaturverzeichnis 181

[41] HEINEN, ELISABETH. & DEULING, KATHARINA. (2011): *Bibeldiskussion in 140 Zeichen.* URL http://www.kirchentag.de/jetzt-2011/religion-glaube/03-freitag/rpr-twitterbibelarbeit.html.

[42] JONES, DARBY. (2013): *Facebook's "secret sauce" for engagement unveiled.* United Methodist communications. URL http://www.umcom.org/site/apps/nlnet/content3.aspx?c=mrLZJ9PFKmG&b=6084863&ct=12032427&notoc=1.

[43] KAMPF, ANNE. (2012): *Abendmahl im Internet: Ein Experiment.* In: evangelisch.de. URL http://aktuell.evangelisch.de/artikel/7887/abendmahl-im-internet-ein-experiment, artikel vom 06.09.2012.

[44] KIRCHETV (2012): *Katholischer Facebook-Gottesdienst.* YouTube-Video. URL http://youtu.be/o7xuI6TfKJk.

[45] KLAUSA, TORBEN. (2012): *"Gefällt mir, Amen!": Gottesdienst auf Facebook.* In: evangelisch.de. URL http://www2.evangelisch.de/themen/religion/gef%c3%a4llt-mir-amen-gottesdienst-auf-facebook60637, artikel vom 02.04.2012.

[46] KRINGS, FRANK. (2012): *Kommt jetzt der Klout-Klassismus?* URL http://swingbattaswing.tumblr.com/post/30240701481/kommt-jetzt-der-klout-klassismus.

[47] KUSCHEL, HEIKO. (2011): *Online-Andacht: Rechts kopieren, links einfügen, Enter.* URL http://weblogs.evangelisch.de/weblogs/stilvoll-glauben/2011/04/01/online-andacht-rechts-kopieren-links-einf%C3%BCgen-enter, Blogpost vom 01.04.2011.

[48] LANDGERICHT KÖLN (2012): *Pressemitteilung: Urteile des Amtsgerichts und des Landgerichts Köln zur Strafbarkeit von Beschneidungen nicht einwilligungsfähiger Jungen aus rein religiösen Gründen.* URL http://www.lg-koeln.nrw.de/Presse/Pressemitteilungen/26_06_2012_-_Beschneidung.pdf, 26.06.2012.

[49] LEVINE, RICK., LOCKE, CHRISTOPHER., SEARLS, DOC. & WEINBERGER, DAVID. (1999): *Das Cluetrain Manifesto.* URL http://cluetrain.com/auf-deutsch.html.

[50] LISCHKA, KONRAD. & STÖCKER, CHRISTIAN. (2012): *YouTube-Filter: Google sperrt Videos.* In: Spiegel Online. URL http://www.spiegel.de/netzwelt/netzpolitik/youtube-filter-google-sperrt-videos-a-855836.html, Artikel vom 15.09.2012.

[51] LOBO, SASCHA. (2012): *Da ist kein Gott im Netz.* In: Spiegel Online. URL http://www.spiegel.de/netzwelt/web/sascha-lobo-da-ist-kein-gott-im-netz-a-836904.html.

[52] LORENZEN, MEIKE. (2012): *Digitales Erbe: Wie Facebook und Twitter den Tod verändern.* In: Handelsblatt. URL http://www.handelsblatt.com/technologie/it-tk/it-internet/digitales-erbe-wie-facebook-und-twitter-den-tod-veraendern-seite-all/7177886-all.html, Artikel vom 27.09.2012.

[53] MATUSSEK, MATTHIAS. (2012): *Der neue Mensch.* In: Der SPIEGEL. Nr. 23 vom 04.06.2012.

[54] MAYER-EDOLOEYI, ANDREA. (2012): *ECIC 17 in Rom: Netzwerken und inspirieren lassen.* Kirche 2.0. URL http://kirche20.at/blog/ecic-17-rom-netzwerken-und-inspirieren-lassen, Blogpost vom 18.06.2012.

[55] MIKŠA, TIM. (2012): *Ohne Kultur- und Organisationswandel kein Social Workplace.* netmedia. URL http://www.netmedia.de/de/blog/ohne-kultur-und-organisationswandel-kein-social-workplace/, Blogpost vom 04.04.2012.

[56] MUCHLINSKY, FRANK. (2012): *Pfarrer bitte im Talar im Internet?* URL http://www2.evangelisch.de/community/kreis/einfach-fragen/pfarrer-bitte-im-talar-im-internet?destination=node%2F56787, Diskussionsbeitrag vom 24.01.2012.

[57] OTTO, RUDOLF. (2004): *Das Heilige : über das Irrationale in der Idee des Göttlichen und sein Verhältnis zum Rationalen.* Beck, München.

[58] PIRATENWIKI (2012): *Meinungsbilder/Beschneidung.* http://wiki.piratenpartei.de/HE:Meinungsbilder/Beschneidung. URL http://wiki.piratenpartei.de/HE:Meinungsbilder/Beschneidung.

[59] PÄPSTLICHER RAT FÜR DIE SOZIALEN KOMMUNIKATIONSMITTEL (2002): *Kirche und Internet.* URL http://www.vatican.va/roman_curia/pontifical_councils/pccs/documents/rc_pc_pccs_doc_20020228_church-internet_ge.html.

[60] RAT DER EKD (2006): *Kirche der Freiheit. Ein Impulspapier des Rates der EKD.* URL http://www.ekd.de/download/kirche-der-freiheit.pdf.

[61] REIMANN, RALF PETER. (2003): *Die Cyber Church zwischen Tradition und Postmoderne.* In: Magazin für Theologie und Ästhetik. URL http://www.theomag.de/23/rpr1.htm.

[62] REIMANN, RALF PETER. (2011): *Protokoll der Chat-Andacht vom 09.06.2011.* URL http://theonetde.files.wordpress.com/2012/07/chatandacht09062011.pdf.

[63] RE:PUBLICA (2012): *Der digitale Dorfplatz: Privat oder öffentlich?* In: *re:publica 2012.* URL http://12.re-publica.de/panel/der-digitale-dorfplatz-privat-oder-offentlich/.

[64] RINDT, CLAUDIA. (2012): *Konstanz: Plagiatsjäger ertappen Pfarrer.* In: Südkurier Online. URL http://www.suedkurier.de/region/kreis-konstanz/konstanz/Plagiatsjaeger-ertappen-Pfarrer;art372448,5458624, 12.04.2012.

[65] SABAR, ARIEL. (2012): *The Inside Story of a Controversial New Text About Jesus.* In: Smithsonian.com. URL http://www.smithsonianmag.com/history-archaeology/The-Inside-Story-of-the-Controversial-New-Text-About-Jesus-170177076.html, Artikel vom 18.09.2012.

[66] SCHLENK, CASPAR. (2012): *QR-Code auf Grabsteinen – Death sells.* In: Süddeutsche.de. URL http://www.sueddeutsche.de/digital/qr-code-auf-grabsteinen-death-sells-1.1460963, Artikel vom 06.09.2012.

[67] SCHNAPPER, ALEXANDER. (2012): *Facebook und die Freundschaftsanfragen, Abonnements und was das eigentlich ist (HowTo).* dem alex sein digitales universum. URL http://alexschnapper.wordpress.com/2012/10/03/facebook-und-die-freundschaftsanfragen-abonnements-und-was-das-eigentlich-ist-howto, Blogpost vom 03.10.2012.

[68] SCHNAPPER, ALEXANDER. (2012): *Pro und Contra - Wie viel Denglisch verträgt unsere Church?* dem alex sein digitales universum. URL http://alexschnapper.wordpress.com/2012/09/30/pro-und-contra-wie-viel-denglisch-vertraegt-unsere-church, Blogpost vom 30.09.2012.

[69] SCHNAUBELT, CHRISTIAN. (2012): *"Talita kum" - steh auf - Bericht vom Facebook-Gottesdienst im "Trinity"-Bochum.* Kirche 2.0. URL http://kirche20.at/blog/talita-kum-steh-auf-bericht-vom-facebook-gottesdienst-im-trinity-bochum, Blogpost vom 03.07.2012.

[70] SCHNEIDER, TOBIAS. (2012): *Seelsorge in Facebook - eine Problemanzeige.* ToLeBlog. URL http://www.theglade.com/toleblog/?p=1036, Blogpost vom 04.07.2012.

[71] SPADARO, ANTONIO. (2012): *Cyberteologia: pensare il cristianesimo al tempo della rete.* V&P, Milano.

[72] STRECKER, MARIUS. [Hrsg.] (2001): *Kirche und vernetzte Gesellschaft.* Hg.im Auftrag der Evangelisch-Lutherischen Kirche in Bayern und den Rundfunkbeauftragten der Evangelischen Kirche in Deutschland.

[73] SULLIVAN, DANNY. (2013): *How The New Facebook Search Is Different & Unique From Google Search.* Search Engine Land. URL http://searchengineland.com/facebook-search-not-google-search-145124, Blogpost vom 15.01.2013.

[74] TERBUYKEN, HANNO. (2012): *Twittergottesdienst: "Die sitzen alle mit Laptops da".* In: evangelisch.de. URL http://aktuell.evangelisch.de/comment/1031?destination=comment/1031, Artikel vom 13.05.2012.

[75] VERKKOTOIMITUSKT (2012): *Riktlinjer för sociala medier.* YouTube-Video. URL http://youtu.be/wMoIGi7tVqM.

[76] WIESE, JENS. (2012): *Facebook setzt neue Datenverwendungsrichtlinien und Erklärung der Rechte und Pflichten in Kraft.* URL http://allfacebook.de/policy/facebook-setzt-neue-datenverwendungsrichtlinien-in-kraft/, Blogpost vom 12.12.2012.

[77] WILKENS, ANDREAS. (2012): *Rechtschreibrat-Chef: Twitter und SMS schaden der Sprache.* In: heise online. URL http://www.heise.de/newsticker/meldung/Rechtschreibrat-Chef-Twitter-und-SMS-schaden-der-Sprache-1773445.html, 21.12.2012.

[78] ZENTRALRAT DER JUDEN IN DEUTSCHLAND (2012): *Interview mit Dr. Dieter Graumann: "Beschneidungs-Gesetz richtiges Signal".* http://www.zentralratdjuden.de/de/article/3737.html. URL http://www.zentralratdjuden.de/de/article/3737.html.

Abruf aller Online-Quellen und Überprüfung der URL von Februar bis März 2013.

Der Blogpost ∼o∼ heißt: „Friede sei mit dir" — Gottesdienste im Internet erschien in „zur sache bw. Evangelische Kommentare zu Fragen der Zeit", Nummer 22.2012. Wiedergabe als Blogpost mit freundlicher Genehmigung der Redaktion.

Alle Blogposts sind unter TheoNet.de abrufbar, für dieses Buch wurden sie thematisch geordnet.